U0680657

[美] 埃米·萨尔茨曼 (Amy Saltzman) 著

黄志剑 郑宇萌 叶茜 何施 译

运动中的流畅体验

基于正念训练的卓越运动表现实践方法

A STILL QUIET
PLACE FOR ATHLETES

MINDFULNESS SKILLS FOR ACHIEVING
PEAK PERFORMANCE AND FINDING FLOW
IN SPORTS AND LIFE

人民邮电出版社
北京

图书在版编目（CIP）数据

运动中的流畅体验 ： 基于正念训练的卓越运动表现
实践方法 /（美）埃米·萨尔茨曼（Amy Saltzman）著 ；
黄志剑等译. -- 北京 ： 人民邮电出版社，2025.
ISBN 978-7-115-66241-5

Ⅰ. G808.1

中国国家版本馆 CIP 数据核字第 20253W93J1 号

版 权 声 明

免 责 声 明

本书内容旨在为大众提供有用的信息。所有材料（包括文本、图形和图像）仅供参考，不能用于
对特定疾病或症状的医疗诊断、建议或治疗。所有读者在针对任何一般性或特定的健康问题开始某项
锻炼之前，均应向专业的医疗保健机构或医生进行咨询。作者和出版商都已尽可能确保本书技术上的
准确性以及合理性，且并不特别推崇任何治疗方法、方案、建议或本书中的其他信息，并特别声明，
不会承担由于使用本出版物中的材料而遭受的任何损伤所直接或间接产生的与个人或团体相关的一切
责任、损失或风险。

内 容 提 要

正念训练能帮助运动员找到流畅状态，实现最佳表现，越来越多的运动员正在将正念训练纳入他
们的训练计划。本书由专业正念教练基于多年来为运动员服务的经验撰写而成，旨在为不同水平的运
动员及其教练、父母等提供全面的正念训练指导。全书分为三部分。第一部分奠定训练基础，引导读
者从正念训练的基础练习入手，熟悉其概念与方法。第二部分聚焦高级技能，借助针对性的练习与活
动，帮助读者在运动场景中应对难题、调适心理。第三部分着眼于教练与父母，讲解他们应掌握的正
念训练要点。本书通俗易懂且实用，无论是运动员、运动爱好者，还是教练等，都能从中获取并掌握
实用的正念训练技能，从而应用这些技能促进心理健康，实现运动表现的进阶。

- ◆ 著　　　　[美] 埃米·萨尔茨曼（Amy Saltzman）
　　译　　　　黄志剑　郑宇萌　叶　茜　何　施
　　责任编辑　王若璇
　　责任印制　彭志环
- ◆ 人民邮电出版社出版发行　　　　北京市丰台区成寿寺路 11 号
　　邮编　100164　　电子邮件　315@ptpress.com.cn
　　网址　https://www.ptpress.com.cn
　　三河市中晟雅豪印务有限公司印刷
- ◆ 开本：690×970　1/16
　　印张：12.75　　　　　　　　　　　　2025 年 6 月第 1 版
　　字数：204 千字　　　　　　　　　　2025 年 6 月河北第 1 次印刷
　　著作权合同登记号　图字：01-2023-6107 号

定价：62.00 元

读者服务热线：(010)81055296　印装质量热线：(010)81055316
反盗版热线：(010)81055315

专业推荐

埃米·萨尔茨曼借助易于理解的概念和可立即应用于任何运动的实践活动，揭开了正念的神秘面纱。这本书对任何水平的运动员以及希望帮助运动员和团队找到流畅状态，实现卓越表现的教练而言，都是宝贵的资源。

——皮特·基希默（Pete Kirchmer），正念表现提升意识与知识（mindfulness Performance Enhancement Awareness and Knowledge，mPEAK）项目负责人，加利福尼亚大学圣迭戈分校正念中心主任，正念健康教练

每位运动员的运动生涯中都有关键时刻，即那些被内心声音成就或破坏卓越表现的时刻。在这些时刻保持正念与专注，是获得竞技成功的关键。然而，运动员、教练和家长往往不清楚如何做到这一点。这本书将成为你的指南，确保当关键时刻来临时，你已做好准备。

——约翰·奥沙利文（John O'Sullivan），改变比赛项目（Changing the Game Project）负责人，《改变比赛》作者

以我的经验来看，无论是运动还是生活，在通往卓越的道路上必然经过"宁静之地"。学会如何抵达此处，将令你为应对任何挑战提前做好准备。如果你愿意在心理训练上付出与体能训练同等程度的努力，这本书中的指导将助你突破瓶颈，迈向更高的境界。

——卡茜迪·利希特曼（Cassidy Lichtman），在斯坦福大学期间两次入选排球全美第一阵容，2015 年泛美运动会金牌得主，2013 年国际排球联合会大冠军杯银牌得主，2016 年美国大学体育协会（National Collegiate Athletic Association，NCAA）冠军斯坦福大学校队助理教练

对于运动员和教练来说，埃米·萨尔茨曼的《运动中的流畅体验：基于正念训练的卓越运动表现实践方法》是关于正念及其实践应用的绝佳入门读物。这本书引人入胜且通俗易懂，将助你成功实现精英级表现！

——科妮莉亚·坎农·霍尔顿（Cornelia Cannon Holden），美国女子冰球队（2006—

2010）团队建设、领导力发展与运动心理教练；Mindful Warrior 公司首席执行官

在《运动中的流畅体验：基于正念训练的卓越运动表现实践方法》中，埃米·萨尔茨曼提供了不仅适用于运动员，也适用于教练和家长的实用策略与技巧。我只想说，真希望在我痴迷运动的童年时代就能拥有这本书。

——蒂姆·瑞安（Tim Ryan），美国俄亥俄州议员，《正念国度》作者

《运动中的流畅体验：基于正念训练的卓越运动表现实践方法》是一部兼具指导性与互动性的工具书，专为不同水平的运动员量身打造。书中涵盖了帮助实现巅峰表现的各种技能，包括正念、自我照顾、面对挑战及培养优秀的习惯……总体而言，这本书是助力运动员实现卓越表现的运动心理学从业者和教练的绝佳指南。

——洛根·莱昂斯（Logan Lyons），博士研究生，运动心理咨询师

正念训练是专注当下的练习，每一位教练和运动员都明白其价值。这本书能帮助你更自然地进入这种专注状态。

——丹·奎因（Dan Quinn），美国职业橄榄球大联盟（National Football League，NFL）亚特兰大猎鹰队主教练

读完埃米·萨尔茨曼的《运动中的流畅体验：基于正念训练的卓越运动表现实践方法》后，我深感振奋。这部独特的著作填补了运动心理学领域的一个重要空白，有望成为运动员、教练和相关从业者的宝贵参考资料。这本书不仅告诉读者实现巅峰表现"是什么"，更深入讲解了"如何实现"。书中还强调了如何通过正念、自我照顾和培养优秀的习惯，引导读者找到"宁静之地"。

——特拉维斯·多尔施（Travis Dorsch），博士，犹他州立大学人类发展与家庭研究系助理教授、家庭运动实验室创始人

《运动中的流畅体验：基于正念训练的卓越运动表现实践方法》是一部精彩且全面的著作，涵盖了运动员、教练和家长在竞技与生活中关心的各种问题。这本书基于严谨的研究、作者丰富的实践经验及其毕生致力于训练和培养不同水平的运动员实现巅峰表现和进入"宁静之地"的承诺写成。

——乔治·T. 芒福德（George T. Mumford），《正念运动员：纯粹表现的秘诀》作者

萨尔茨曼为运动领域的正念训练撰写了一本实用指南。书中提供了正念训练的具体方法和在真实场景中的应用示例，适用于所有水平的运动员。《运动中的流畅体验：基于正念训练的卓越运动表现实践方法》是心理训练领域的杰作！

——凯莉·莫兰-米勒（Kelli Moran-Miller），博士，心理学家，心理咨询师

这本书循序渐进地引导你掌握实现巅峰表现所需的关键技能，同时让你意识到：你远不止于自己赛场上的表现。作为前职业棒球运动员，我深知书中传授的心理训练方法对赛场成功的重要性。这些方法能帮助你冷静应对高速球、走出低潮与伤病，最终重新与自我的本质相连接。埃米·萨尔茨曼为所有渴望在运动与生活中找到流畅体验的人提供了不可或缺的指南。

——肖恩·格林（Shawn Green），两次入选美国职业棒球大联盟（Major League Baseball，MLB）全明星阵容，《棒球之道：在 95 英里*/ 时的速度中寻找宁静之地》作者

《运动中的流畅体验：基于正念训练的卓越运动表现实践方法》是一本精准且全面的正念训练指南，几乎涵盖了找到流畅体验与实现巅峰表现所需的所有内容。萨尔茨曼以充满友善和好奇的笔触，将高深的专业知识、清晰的步骤指导和实用的实践方法相结合，为所有运动员提供了宝贵的帮助。当一个人深度觉察自身思想、情绪与身体感受时，就能主动选择通往觉醒与成功之路——而这本书，将教会你如何做到这一点。

——莉萨·米策尔（Lisa Mitzel），NCAA 体操冠军，国际演说家，临床医师，心理学家，《专注与激情》作者

---

* 1 英里 ≈ 1.61 千米。

目录

第一部分　基础知识——正念

译者序

这本书是送给运动员的一份礼物。

这本书也是送给教练和父母的一份礼物。

这本书还是送给所有追求卓越表现和卓越自我的人的礼物。

在近些年的实践过程中，我们翻阅了很多正念理论与实践领域的文献和科普读物。此书给我们留下了相当独特和深刻的印象。首先，作者用朴素平实的语言将深刻且复杂的正念理论讲解得浅显易懂。其次，作者在讲解基本概念的同时，借助针对性练习和活动，帮助读者在运动场景中应对难题、调适心理。因此，这本书不仅仅是一本科普读物，也是一本实用的正念训练指导手册和个人练习册。在这里，我们和这本书的作者一样，建议你认真地对待和实践这些练习和活动，并在有条件的情况下，将练习脚本的内容录制成音频，以便反复练习和精进。

再者，本书的作者曾经是体操运动员和教练，因此对于竞技运动训练和比赛过程中的种种困难与挑战、伤痛与喜悦有着相当深刻的认知和体会。从亲历者视角分享的正念带给自己的帮助和启发，与从正念研究者、指导者的观察者视角分享的内容有着明显的不同。基于亲历者视角的分享不仅提供了真实且鲜活的实践经验，还展现了正念在应对运动挑战中的实际价值，弥补了理论研究与真实场景之间的差距。

此外，书中大量引用了从中学校际水平到世界最高水平的运动员和教练的生动案例，并以正念为框架对这些案例进行了深刻的分析与反思。这些丰富且真实的案例弥足珍贵，很多人都可以从中找到深深的共鸣。同样，这些分析与反思充满了智慧和包容，希望读者和我们一样从中收获感悟，得到启发。

最后，虽然这本书以运动员和教练为主要对象进行讲述，但是我们坚信所有在各行各业中追求卓越表现和卓越自我的朋友，都可以借助这本书，"怀着友善和好奇"关注自己的当下，并在事业和生活中找到"流畅"，实现目标。

黄志剑

2025 年 2 月 7 日

于武汉

推荐序

正念与体育运动的结合是一种双赢。自 1974 年蒂莫西·加尔韦（Timothy Gallwey）撰写《心态制胜：超越评判、释放潜能的内在秘诀》一书以来，我们一直致力于将正念应用到体育运动中。菲尔·杰克逊（Phil Jackson）开创了正念在职业体育运动中应用的先河，现在我们看到各级别运动队中一些表现出色的运动员都在进行正念练习。在史蒂夫·克尔（Steve kerr）的领导下，金州勇士队将正念作为球队的重要价值观之一（与快乐、同情和竞争并列）。参加 2016 年美国职业棒球大联盟世界大赛的两支球队都受益于运动心理学家的智慧——芝加哥小熊队的肯·拉维扎（Ken Ravizza）和印第安人队的查利·马厄（Charlie Maher）——他们帮助球员们保持专注于当下。这只是其中的几个例子。

将正念带给所有运动员是顺理成章的下一步，因此我对埃米·萨尔茨曼（Amy Saltzman）的《运动中的流畅体验：基于正念训练的卓越运动表现实践方法》感到非常兴奋。我自己已经练习正念多年，很高兴埃米邀请我为这本书写推荐序。埃米给了我一个月的时间来完成这篇序，所以我很自然地把它放在了待办事项的后面，并把它忘了——直到它到期的那一天！

当时，我深爱的岳父拉尔夫（Ralph）刚刚过世，我在积极训练联盟的工作中，以及在作为丈夫、父亲和祖父的日常事务中，似乎面临着无穷无尽的挑战，这让我感到不知所措。我提醒自己，以前我也遇到过让我感觉难以承受的挑战，而我的正念练习通常会帮助我找到完成挑战的方法。但我仍然对即将到来的挑战感到焦虑，对过去没有做好的事情感到遗憾。我感觉自己陷入了埃米所说的"我的感觉控制了我"的状态，而不是"我主动控制我的感觉"。

此时此刻，我对当初答应为她写这篇序深感后悔，尽管如此，我还是一头扎进她的书稿中寻找动力。几乎就在一瞬间，我发现了这样一句话："用友善和好奇去注意你正在经历的一切，这就是正念。"几年前，在一次正念静修会上，我听过一位演讲者说类似的话："对自我的友善是通往勇气的大门"。虽然当时我接受了这一观点，但埃米让我意识到，我现在离我鼓励运动员们每天在训练中践行的善待自己的态度还很遥远。

正如我的经历所证明的那样，这本书为运动员提供了一个充满友善和好奇的地方，让他们可以简单地与自己的想法和感受在一起。它告诉我们，我们可以选择如何应对任何特定情况——从为同事书写序言到投中一个可能赢得比赛的球——而不是出于焦虑或恐惧自动做出反应。将近 20 年前，当我创办积极训练联盟时，我的目标是帮助运动员在运动中找到纯粹的快乐，而这种快乐在今天似乎太罕见了，我非常感谢埃米的这本书，它帮助我在与践行正念的运动员共事的过程中重新找到了这种快乐。

我想起弗雷德·罗杰斯（Fred Rogers）曾经说过的一句话："生活是深刻而简单的，而我们的社会给予我们的却是肤浅而复杂的。"在体育运动中，这种深刻而简单更加凸显。体育运动常被称为"调高音量的生活"。《运动中的流畅体验：基于正念训练的卓越运动表现实践方法》可以帮助运动员和教练找到体育运动深刻而简单的核心。这本书给出了见解、练习、工具和资源，可以帮助各年龄段的运动员在运动和生活中展现完整的自我。

《运动中的流畅体验：基于正念训练的卓越运动表现实践方法》是运动员、教练和父母的宝贵资源；实际上，每个人都能从中受益。感谢埃米·萨尔茨曼为我们提供的这份礼物。

* * *

吉姆·汤普森（Jim Thompson）是积极训练联盟的创始人和首席执行官。积极训练联盟是一个美国的旨在利用体育培养"更好的运动员，更好的人"的全国性非营利组织。吉姆·汤普森也是一名长期的正念冥想实践者。

前言

一名体操运动员站在镁粉盒前，双手浸入凉爽光滑的镁粉中，将其捏成块状，然后让它们在她那双像建筑工人般长满老茧的手中流出。看着金属和木质结构高低杠，她的脑海中浮现出其他运动员完成她目标的景象，她感到自己受到了嘲讽。

当她上杠时，单杠伴随着她的动作叮当作响，仿佛发出"咯咯"的笑声。她将身体推离高杠，以钟摆的弧线冲向低杠。就在接触的一瞬间，她的身体仿佛像牡蛎一样"啪"的一声关上了，里面的"宝藏"也随之隐匿。她的鼻子贴在膝盖上，身体团成一团，横杆穿过其中。她转了一圈，又猛地打开、伸展身体，把自己挂在高杆上。"砰"的一声，她的落地嘲笑着她的努力。她一次又一次上杠。每一次，她钟摆般的身体都在单调乏味的"嘀嗒"声中摆动、落下。

她臀部上葡萄酒色的瘀伤十分疼痛，但她又将起泡的双手蘸满了镁粉。她的脑海中回荡着一位老教练关于瓶颈期的睿智话语，这抚平了她的挫败感。

她又一次上杠，又一次跌倒。也许明天会有一线希望。

上述文字写于 1981 年，当时我还是一名高三学生，我的生活中还没有出现正念。然而，我并不知道，体操是我的第一次正念练习。上面这段文字描述了我每时每刻对身体、思想和情感的觉察，以及我快乐、坚定的精神！

在此后的几十年里，我发现了达到巅峰表现的一个基本要素，那就是找到自己真正的教练，或者被自己真正的教练找到。根据我的经验，这位教练在训练你的身体、思想和精神方面拥有丰富的专业知识。觉得自己还没有找到真正教练的人，不要放弃，永远不要放弃！本书的目的在于指导你如何辨别关键差异，以助你找到流畅（也被称为心流）。

身体

和大多数年轻运动员一样，我的体操之旅也始于离家几英里（1 英里 ≈ 1.61 千米）远的一个不起眼的当地小体操馆（向不起眼的体育设施致以崇高敬意！它们是我们很多人的起点）。一个"偶然"的机会，我母亲的好朋友凯瑟琳（Kathleen）——丹佛大学体操队的总教练，把我介绍给了青少年项目的负责人马克斯（Max）。机缘巧合之下，他成了我第一个真正意义上的教练。我非常荣幸，在我的人生中找到了两位真正的教练。

和大多数伟大的教练一样，马克斯循序渐进地培养我的身体技能。与众不同的是，他还与项目中的每一位体操运动员分享他对解剖学和生理学的深深热爱，无论他们是否感兴趣。他要求所有体操运动初学者能够指出并说出主要骨骼的名称，要求中级体操运动员能够指出并说出主要肌肉的名称，要求高级体操运动员知道所有生理系统的名称和功能。这些非凡的要求唤起了我对人体及其惊人能力的深深敬意和热爱。最重要的是，马克斯发自内心的热情确保了我在每天的失误、跌倒、踉跄、水泡破裂、包扎以及所有训练和比赛过程中，都能感受到巨大的快乐和畅快。

尽管马克斯为我提供了全面的体能训练方案，但我的肩部还是反复脱位。为了继续参加比赛，我最终选择在 14 岁时对右肩进行整形手术，在 15 岁时对左肩进行整形手术。这就是体育。在竞技体育中，运动员要接受众多牺牲和挫折，但最令我失望的，莫过于马克斯为了建立自己的项目和家庭选择搬迁、离去。尽管他离开了，我还是继续参加比赛，直到高中毕业。到了大学，我成为一个默默无闻、没有被录取、没有奖学金的运动员。我参加了斯坦福大学校队的选拔，最终成为替补队员。从大三开始，我接连受伤，于是我停止参加体操比赛。之后我曾短暂地成为一名铁人三项运动员，随后又成为一名自行车运动员。

一个雨天的下午，我在斯坦福邮局（自行车队经常聚集的地方）外"偶然"遇到了后来成为我丈夫的男人。他是一位经验更为丰富的自行车运动员，他很明智地在当天早些时候骑车过来，只是看看谁要在雨中骑车（只有我）。时至今日，他仍在参加最高级别的比赛。

精神

1989 年夏天，我刚结婚不久，还在进行自行车运动，同时满怀期待地迎接医学院二年级的学习。一个"偶然"的机会，一位同样进行自行车运动的朋友邀请我参加她的长期转型运动教练乔治娜·琳赛（Georgina Lindsey）女士的静修活动。（从现在起，我将把琳赛女士称为 G 教练。）就这样，我开始了神奇的、包罗万象的、令人敬畏的、深入心灵的旅程，这让我真切地体验到了身、心、灵协同的状态——真正的"流畅"。

G 教练是转型教练领域的先驱，过去是，现在仍然是。她在加利福尼亚州的威尼斯成立了自己的运动教练公司 Quantum Leap。1986 年，Transformational Technologies（顶级企业教练特许经营公司之一）聘请她共同创建了一个部门，为体育和竞技运动带来变革。26 岁的她是迄今为止 Sports Vision 最年轻的创始合伙人，也是唯一的女性创始合伙人。其他创始合伙人包括曾任波特兰开拓者队主教练的罗兰·托德（Rolland Todd）和曾任美国网球协会负责人的威廉·卡索夫（William Kasoff）。Sports Vision 是美国第一家为运动员提供转型技术的全国性公司。在 Sports Vision 工作期间，G 教练培训了女子体育基金会、美国女子职业高尔夫协会、菲尼克斯太阳队以及内华达大学拉斯维加斯分校大部分校队的运动员。在当时，Sports Vision 的技术具有深远的创新性和变革性，以至于这一新兴领域的其他超级明星，如《心态制胜：超越评判、释放潜能的内在秘诀》一书的作者蒂莫西·加尔韦，都向公司创始人寻求专业知识，要求与他们"打球"，并定期客串教练。

1989 年，在特许经营公司的创始合伙人不幸去世这一毁灭性事件发生后，Sports Vision 的创始人们分道扬镳。G 教练恢复了私人教练的工作，并开始为成绩优异的女子运动员开设一系列备受推崇的培训班，学员包括苏济·查菲（Suzy Chaffee，1968 年冬奥会高山滑雪选手，1971 年、1972 年和 1973 年自由式滑雪世界冠军）和南希·霍格斯黑德（Nancy Hogshead，1984 年奥运会游泳项目三枚金牌得主）。

在第一次为期一天的闭门修习中，我和其他十名运动员围坐在一起。我不记得练习的内容、讲义和房间，但我清楚地记得 G 教练精准地诊断出了每个人的"表演"，即阻碍其实现最真实梦想的无意识模式。我的自我（或个性）并没有把我的诊断——"可怜的我"——当成好消息。然而，我的精神却因这一事实而振奋和欣喜。

在过去的 30 年里，G 教练不断完善和扩展她的产品，为全人类服务。她帮助客户解构他们对自己的"常规"认知模式、无意识的局限性以及未实现的可能性。她的工作令人兴奋、严谨而富有挑战性。她承认她的工作强度绝对不是人人都能承受的。那些接受了她严格工作要求的人会一次又一次地体验到令人惊讶、兴奋的突破。总之，G 教练就是流畅的代名词。

她是我认识的人中最谦虚、最注重隐私的一个。她从未有过个人网页或名片，30 多年来，许多人都是通过口口相传找到她的。鉴于她悲惨而充满创伤的童年，她如今的样子更令人惊叹了。很快，那些对她着迷的人就能在她的非虚构创作回忆录《赤裸的优雅》中读到她勇敢、克服万难的故事。

思想

1990 年冬天，我在骑行时接连遭遇了两次"意外"。G 教练的指导让我真正发现，没有什么是偶然的，意外总是变相的机遇。在膝关节康复的同时，我也开始关注生活中一些被忽视的方面，包括终于加入了美国整体医学协会。虽然我觉得自己应该加入美国整体医学协会年会这个真正的医疗保健新世界，但我错过了它的注册、奖学金申请和住宿申请的截止日期。利用 G 教练提出的"生活在愿景中，而不是受限于环境"的理念，我超越了环境，递交了申请。机缘巧合，有一位女士在最后一刻取消了报名，我得到了她的注册资格及奖学金、住宿的申请机会！参会归来并接受指导后，我大胆地给美国整体医学协会董事会写了一封信，建议该组织创造性地培养医学生和住院医师的自然整体主义。那次会议后的四个月，我被邀请加入美国整体医学协会理事会，并担任了 10 年的理事。

1993 年初，比尔·莫耶斯（Bill Moyers）的名为"治疗与心灵"的特别节目在美国公共电视网播出对整体医学界和我个人来说都是一个关键事件。在看到关于马萨诸塞大学减压诊所（现名为正念医学、医疗保健和社会中心）的报道后，我萌生了一种冲动，那就是实践和分享正念。我阅读了由诊所主任乔恩·卡巴特 - 津恩（Jon Kabat-Zinn）撰写的《多舛的生命》一书，并立即开始了每天的正念练习。

尽管我只有很少的正式实践经验，但越来越熟悉的傲慢、信念、坚持混杂的感觉和强烈的直觉迫使我反复联系卡巴特 - 津恩博士。利用 G 教练的另一个特质——"离谱的要求"——我恭敬地提出参加正念减压综合培训的请求。一个"偶然"的机会，我的住院医师主任批准了我的请求，让我用一个月的时间学习正念。出乎意料的是，她还给了我参加这个课程的学分，并为我找到了支付学费的资金！ 1993 年，我在马萨诸塞州西部度过了绚丽多彩的十月，并沉浸在正念的实践和研究中。

学习结束后，我设计了一项大规模临床试验，以评估正念对慢性疼痛和疾病患者的益处。孩子出生后，我开始与父母分享正念。随着时间的推移，我对正念练习进行了简化和提炼，以便能够与幼儿和青少年分享它们。现在，我很高兴能与你们分享它们。

身体、思想和精神

1990 年，在进入医学院三年级时，我从一名竞技运动员转变为一名休闲运动员，跑步、骑自行车，并开始练习瑜伽。2003 年，40 岁的我开始用心学习滑雪。

在过去的 29 年里，我非常幸运地每周都能跟随 G 教练训练。在人们从一个自助讲习班到另一个自助讲习班来寻求速效疗法的文化中，与真正的大师（已达到大师境界的人）保持持续、亲密的关系绝对是无价之宝。在职业方面，她的指导帮助我完成了从竞技运动员到休闲运动员的过渡，顺利度过了医学院和住院医师培训的极其严格而又令人颇具成就感的时刻，还完成了将整体论带入传统医学及将正念带入地区、国家、国际 K–12 教育的挑战，并获得乐趣。更重要的是，在她的指导下，我经历了婚姻的高潮和低谷，体验了养育一名运动员和一名艺术家的喜悦和辛酸，还经历了所有促成我系列产品（包括这本书）的创作和发展的平凡与非凡事件。值得庆幸的是，时至今日，她一如既往地将敏锐的直觉、犀利的洞见和充满爱的同理心惊人地结合在一起，继续支持我快乐地表达内心深处的激情和创造天赋。没有她全心全意、坚定不移的指导，就不会有这本书。

我非常荣幸能与大家分享正念的练习方法，并将 G 教练的精湛技艺发扬光大，激励大家在运动和生活中找到"流畅"的感觉。

第一部分
基础知识——正念

　　你好，恭喜你！通过选择阅读这本书，你正在证明自己不仅是一名致力于训练身体，而且还致力于训练心灵和意志的运动员。随着时间的推移，这种投入会让你在运动和生活中体验到心无凝滞的流畅。

　　这是你的第一个正念练习，简单地注意当你重读"通过选择阅读这本书，你正在证明自己不仅是一名致力于训练身体，而且还是致力于训练心灵和意志的运动员"这句话时出现的想法和感受。也许你会感到兴奋，就像"是的，我很兴奋，我一直在寻找能让我更上一层楼的东西"。也许你会感到怀疑和抗拒，比如"光看书是不可能帮我缓解赛前焦虑的"。花点时间，诚实地面对自己的想法和感受……

　　很好！你刚刚完成了你的第一次正念练习！

第1章
欢迎

在任何运动中，如果不注重内心游戏中相对被忽视的技能，就无法精通该项运动，也无法获得满足感。这个游戏发生在运动员的头脑中，与注意力分散、紧张、自我怀疑和自我谴责等障碍做斗争。简而言之，这个游戏旨在克服所有阻碍卓越运动表现的心理习惯。

——蒂莫西·加尔韦

本章提供了有关正念和流畅的简单易懂、可操作的定义和相关事例。它总结了研究结果，展示了正念的好处，包括练习正念如何增加你经历流畅的可能性。本章最后介绍了如何更好地利用本书来达到巅峰表现，提供了在体育和生活中找到流畅的建议。

正念

现在你可能在想什么是"正念"。所以，让我们从一个定义开始。

正念就是怀着友善和好奇关注当下，这样我们才能选择我们的行为。

让我们分解一下这个定义。"关注当下"意味着尽我们所能，不要纠结于过去，不去担心或幻想未来，只是关注此时此刻的实际情况。我们带着"友善和好奇"去关注，否则我们往往会对自己极其苛刻。我们倾向于只看到"犯了错误"或"弄错了"的地方。与其评判和批判自己，我们不如进行正念练习对自己保持友善和好奇。最后，当我们把友善和好奇带到我们的思想和感觉、我们身体的感受、我们生活里的人和环境中时，我们便拥有了所需的所有信息，"这样我们才能选择我们的行为"——在训练、比赛和日常生活中对事件做出恰当的行为反应。

越来越多的精英和专业运动员以及运动队积极地运用正念，因为他们发现这能提升他们的表现，并能创造找到流畅的条件。知晓上述信息可能会让你受到鼓舞。

以下是一些曾经或正在使用正念来提升表现的运动员和运动队的简短名单：洛杉矶湖人队和芝加哥公牛队，它们是职业篮球史上非常成功的两支球队，夺得多个美国职业篮球联赛（National Basketball Association，NBA）冠军；纽约尼克斯队；波士顿红袜队；刷新多项纪录的棒球运动员肖恩·格林；旧金山巨人队世界大赛投手蒂姆·林塞康姆（Tim Lincecum）；纽约洋基队游击手德里克·杰特（Derek Jeter）；2016 年世界大赛冠军芝加哥小熊队；奥运会沙滩排球金牌得主克里·沃尔什－詹宁斯（Kerri Walsh-Jennings）和米斯蒂·梅－特雷纳（Misty May-Trainor）；获得 12 项网球大满贯冠军的诺瓦克·德约科维奇（Novak Djokovic）；美国奥运会体操运动员萨姆·米库拉克（Sam Mikulak）；巴尔的摩乌鸦队；美国职业橄榄球大联盟 2015 年冠军和 2016 年亚军西雅图海鹰队；美国国家小轮车队，包括 2016 年奥运会金牌得主康纳·菲尔茨（Connor Fields）；2015 年和 2017 年的 NBA 冠军金州勇士队。事实上，金州勇士队的核心价值观宣言是欢乐、正念、同情和竞争（Kawakami，2015）。

所以，请再次停下来，注意你正在思考和感受什么。也许你会觉得：这很酷，我会试一试。也许你觉得：这有点奇怪，我怀疑它是否会帮到我。无论你在思考或感受什么，都没关系。你不需要改变或修复任何事情。我鼓励你继续阅读，真正去实践本书中的练习，然后为自己做出选择。

寻找流畅

作为一名运动员，你已经感受到了。那一刻，时间变慢了，世界消失了，你作为一个独立的自我的感觉也消失了，只有运动、节奏、能量、快乐……那难以形容的感觉就是流畅。因为流畅的体验超出了思维的范畴，所以它永远无法用语言完全表达。以下是美国职业棒球大联盟历史上最有成就的球员之一肖恩·格林的引述，以及哈里森·巴恩斯（Harrison Barnes，NBA 运动员）在金州勇士队时说的一段话。从中我们几乎可以抓住流畅的本质。

事实上，当我站在击球区，我会排除击球以外的所有比赛因素。我全身心地投入这场比赛，我要与哪个队对抗或在谁的阵营对我来说已经不再重要了。唯一发生的是：球以慢动作向我袭来，我击中了它。当投手把球投出的时候，没有我，没有他，没有球棒，也没有球。所有名词都消失了，只剩下一个动词：打。（Green，2011，148）

我当时处于那种流畅状态……你在那里移动，但没有施加任何压力。你在投球，但是你并没有想过会错过还是会成功。你只是在玩，比赛就在那里，你只是让它自然而然地出现。（Abrams，2015）

流畅研究先驱米哈伊·奇克森特米哈伊（Mihaly Csikszentmihalyi）在他的《心流：最优体验心理学》一书中定义了流畅的九个特质。以下列出了这些特质，以及从初学者逐渐进步到体验中级流畅的例子。当你阅读时，你可能想反思自己发展流畅的循环——记得你第一次在无人辅助的情况下骑自行车、游过整个游泳池、在溜冰场上不再摇晃地滑行、投掷或接住一个橄榄球。

流畅的特质

1. 技能与挑战的平衡：在这种情况下，你会感到自己正在接受挑战，并且拥有应对挑战的技能。（当你感到自己没有技能应对挑战时，你就会感到焦虑，这与"流畅"正好相反。）当我第一次学习单板滑雪时，我没有任何技巧。单单站立就很有挑战性，操控滑雪板、上下缆车、从脚跟一侧转到脚尖一侧，以及避开所有固定和移动的障碍物也是如此。我的体验是尴尬和适度焦虑，绝对不是流畅。

2. 行动与意识的融合：一种与活动融为一体的感觉；一种在进行活动时的平静或和谐感。一开始，我在脑子里思考着指令，并试图让自己的身体做出教练所描述的动作，根本没有平静或和谐的感觉。

3. 目标明确：感觉与活动相关联，并能在当下做出巧妙的反应。我没有感觉到与滑雪板的联系或对滑雪板的控制。当我失去平衡或有人从我身边经过时，我无法巧妙地做出反应。

4. 明确（清晰）的反馈：毫不费力地接收、处理和回应相关信息的能力。早期，我甚至不知道相关信息是什么。我知道我喜欢直立，但我不知道如何理解滑雪板的反馈，也不知道如何移动我的身体和滑雪板来回应这些反馈，回应地形的变化，回应滑雪板的变化。

5. 专注：完全专注于当下的活动。幸运的是，得益于长期的正念练习，我能够集中精力学习单板滑雪。

6. 控制感和自信心：没有对失败的恐惧。我肯定没有控制感和自信心。因为我是为了乐趣而学习，所以我并不真正害怕失败，尽管我偶尔也会感到沮丧。

7. 失去自我意识：不再担心"我""自己"和"我的"，也不再担心别人会怎么看自己和自己的表现。即使是初学者，我的正念也能让我意识到我是有自我意识的，我希望我的老师和同学认为"我"是一个"好学生""运动健将"和"快速学习者"。

8. 时间转换：当时间因为你的全身心投入而变慢、停止或加速。起初，时间就只是时间，没有耗尽的感觉，也没有全身心投入活动的感觉。

9. 自主体验：这种体验本身就是有价值的，而不是因为你会获胜或在名单上占有一席之地。简而言之，这就是真正感受到了对比赛的热爱。

随着时间的推移，我掌握了更多的技巧，能够应对越来越多的挑战。现在，即使是在中级难度的雪道滑行时，我也不用考虑脚的弯曲、膝盖的方向、重心的转移，或者让肩膀与滑雪板平行。我有一种平静与和谐的感觉。我能够巧妙地应对地形、人和山上障碍物的变化。我的身体知道如何接收滑雪板和雪的反馈并做出反应。当我集中注意力时，我可以根据需要缩小或扩大我的意识范围。在中级地形上，我有一种控制感和自信心。我不再担心自己的表现和别人的看法。有的时候，我只是在滑行，不受时间和空间的限制，只是在移动，感受流畅的快乐。然而，当我在更陡峭的地形或颠簸的路面上滑行时，从"笨拙"到"流畅"的循环又重新开始了。

当我们学习一项运动的技能或正念技能时，我们会多次重复这种"从笨拙到流畅，然后再回到笨拙"的循环。因为挑战的难度会随着地形的陡峭程度、竞技水平的提高、复杂技能的增加、难度的增加等而增加。

正如你将在第 2 章中"基本概念：正念的好处"一节中了解到的，科学证据表明，练习正念可以提高你体验"流畅"的能力。我亲爱的朋友和同事乔治·芒福德（George Mumford）曾向迈克尔·乔丹（Michael Jordan）、科比·布莱恩特（Kobe Bryant）、芝加哥公牛队、洛杉矶湖人队以及其他许多精英运动员和大学生运动员传授正念，他清楚地描述了正念如何影响流畅。

我们可以以任何方式解构"流畅"，但事实是，一切都始于你的头脑。流畅是你保持当下状态的能力……高效表现和进入流畅状态的真正关键在于，你有能力在当下充分发挥和引导你的优势和技能，而这一切都始于你的头脑。无论你的技能多么强大或娴熟，你的头脑也会阻碍才华的展现，如果你不加以控制，它往往会以隐蔽的方式阻碍你的才华施展（Mumford，2015, 69）。

本书将帮助你意识到那些对运动表现产生负面影响的思维和情感模式，更重要的是，它将帮助你发展基本的心理、情感和精神技能，从而在运动和生活中找到流畅。

如何使用本书

本书为你提供了达到巅峰表现和找到流畅的基本技能。第三部分还包括了为教练和父母准备的两章。

本书中的基本技能分两部分介绍：第一部分"基础知识——正念"和第二部分"高

级技能——整合"。练习和原则是相互依存的，因此最好按顺序阅读。本书从基础知识开始，通过具体的有意识渐进式练习，让你掌握更复杂、更高层次的技能，从而帮助你达到巅峰表现，在运动和生活中找到畅快淋漓的感觉。就像任何运动的身体基础知识一样，在学习更具挑战性、更高层次的技能之前，最好先学习基础知识。也就是说，如果你发现自己对某个特定主题感到好奇，那么就翻到那一页，尽你所能学习。书中后面的一些章节建立在前面的章节的基础上，因此我在书中加入了交叉引用，引导你找到前面的相关章节。

在阅读过程中，省略号（……）表示停顿，可以放慢速度，让自己真正感受或体验练习的全部效果。本书中的一些短语会反复出现，最终融入你的思想和心灵，成为你生活的一部分。许多主题会以略有不同的形式多次出现，这样你就能找到最适合自己的方式。

作为运动员，你可能希望每周或每月学习一章。我建议你不要着急，慢慢来，让自己真正体会每个要素。体会某种东西意味着它在你的内心深处是鲜活的——你能感受到它，生活在它之中，并通过你所说的话、你所做的事以及你是谁来表达它。要知道，仅仅通过阅读或听教练讲解，就想掌握任何身体技能——一个完美无瑕的空翻或一个时机恰到好处的让球——那简直是痴人说梦。这些心理和情感技能也是如此。仅仅阅读和思考这些练习是不够的；要想真正从这些练习中获益，你必须反复练习，直到它们融入你的内心，你才能在关键时刻运用它们。

本书包含四个要素。

基本概念：这部分将帮助你接受全面的个人正念练习，并提升你的表现，在运动和生活中找到流畅的感觉。

练习：这部分将是你正念练习的核心。反复练习会让你受益匪浅。

活动：这些简短的纸笔活动和日常活动将帮助你在训练、比赛和生活中应用和实践基本概念和做法。有些活动鼓励深思熟虑，其他活动具有游戏性。

反思：这部分将帮助你把自己的经验与概念、实践和活动结合起来——作为一名运动员和作为一个人。在你回答反思部分提到的问题时，我鼓励你慢慢来，要勇敢和具体。尽你所能发现你的真实想法、感受和行为。你对自己越真实，你就会越受益。

结合本书中的练习，你可以获得强大的技能来训练你的思想和心灵，面对常见的运动挑战，成为内外兼修的高手。重复一遍，培养这些技能需要你进行实际练习。

就像体育技能一样，有些练习可能会让你感到不寻常或困难，甚至会让你产生严重的怀疑。随着时间的推移，你可能会发现，你最初最怀疑、最具挑战性的技能，最终却成为最有用的技能，这是因为它们帮助你发展了新的、所需的心理素质。只要有耐心、毅力和幽默感，你就会知道哪些练习对你最有帮助，哪些练习你想继续做下去。

注意事项

如果你是一名参加体操、滑冰、游泳、田径、摔跤、滑雪、单板滑雪、高尔夫或网球等个人运动项目的运动员，那么书中的某些章节内容，如"解读比赛"，可能并不直接适用于你参加的运动项目。尽管如此，由于大多数个人运动员都在团队环境中训练、上学或工作，并与他人为伴，因此大多数原则可能对你有用。

如果你所在的团队都在使用本书，你必须保证尊重他人的隐私，并且所有团队成员都同意，如果他们碰巧发现了别人的书，他们会在不打开的情况下归还。这是一个信任问题，而信任是团队合作和成员和谐共处的基本要素。

第 2 章
休息，呼吸

刻意创造流畅状态，只会使状态更加难以捉摸。但是，消除障碍并提供便利条件将增加这种状态发生的概率。学习正念技能为我们提供了一种促进流畅状态发生的方法。

——苏珊·杰克逊（Susan Jackson），澳大利亚昆士兰大学人类运动研究所博士

本章将简要总结科学证据，证明正念和相关练习可以帮助你找到流畅状态和达到最佳表现。本章还将向你介绍正念休息的基本练习。

基本概念：正念的好处

本节概括并总结了当前能证明正念可以改善表现并促进流畅状态发生的科研成果。我总结了迄今为止一些成果较突出的研究。由于研究的设计和采取的具体措施各不相同，因此所列出的好处包括与流畅状态相关联的定义，如压力和心理困扰。

- 曾经获得奥运会奖牌的赛艇运动员报告说，正念练习帮助他们做好准备并取得最佳表现。参加过正念训练的大学生赛艇运动员的表现远远超出了教练的期望。他们说，这种训练提高了他们的注意力、放松和技术的同步性，同时减少了疲劳、疼痛和消极思维等对他们的影响。（Kabat-Zinn, Beall and Rippe, 1985）

- 参加了为期 8 周正念干预的自行车运动员，通过有意识骑自行车的行为，表现出正念和流畅状态的改善和悲观情绪的减弱。（Scott-Hamilton, Schutte and Brown, 2016）

- 参加过 7 节基于"正念、接受和承诺"框架课程的初级精英足球运动员的受伤人数几乎是对照组的一半！（Ivarsson et al., 2015）

- 在一项为期 4 周针对精英男性射击运动员的研究中，正念组的唾液皮质醇（主要应激激素）显著减少，射击表现显著改善。（John, Verma and Khanna, 2011）

- 受过"正念和接受"指导的年轻精英高尔夫球手的训练效果和竞技表现有所提升，其效果可以通过较高的国内排名来反映。（Bernier et al., 2009）

- 一项有关功能性磁共振成像（functional magnetic resonance imaging，fMRI）的研究表明，参加了为期 7 周的正念表现提升、觉察和知识培训的美国国家小轮车队成员，经历了大脑特定区域活动的变化，反映出在极端压力下最佳表现能力的提高。（Haase et al.，2015）

总之，已有的相关研究表明，天生有正念品质或进行正念练习的运动员会在许多与表现有关的现象上经历"减少"和"增加"（请参阅以下列表）。

减少

- 压力
- 赛前压力
- 心理困扰
- 唾液皮质醇（主要应激激素）
- 运动焦虑
- 消极思想
- 与任务相关的担忧
- 与任务无关的想法
- 反刍（强迫性思考）
- 悲观主义
- 抑郁症
- 完美主义
- 疲劳
- 疼痛
- 敌意
- 饮食问题
- 物质滥用
- 损伤
- 倦怠

增加

- 正念
- 流畅

- 放松
- 信心
- 明确目标
- 目标导向能量
- 与运动相关的乐观主义
- 有意识地行动的能力
- 专心
- 集中注意力并忽略干扰
- 控制感
- 承认和接受感觉的能力
- 适应性情绪调节
- 心理灵活性
- 韧性（面对挑战的适应力和恢复力）
- 注意身体的能力
- 训练效果
- 从激烈的身体挑战中预测所需的体力和恢复的能力
- 在极端压力下达到最佳表现的能力
- 良好睡眠
- 身体恢复
- 表现远远超出教练预期的能力
- 比赛罚球命中率 5.75%
- 技术的同步性
- 竞争性业绩，以上一年最佳业绩为衡量标准，提高国家排名
- 欣赏比赛的过程（不仅仅是结果）
- 享受运动
- 总体生活满意度

　　以上内容要传递的信息是：就像身体训练可以强健体魄一样，正念训练也可以强化思想和精神。因此，如果你希望自己能更好地应对训练、比赛和日常生活中的压力，请继续阅读和练习，并从下面的练习开始。

练习：休息

这个初次练习将让你休息和放松几分钟。这是一个可以让你在运动、学业、工作和生活的挑战中得到休息的简单方法。如果你选择通过阅读来学习这种做法，则可能需要先阅读一段内容，然后闭上眼睛并慢慢按照该段中的指导进行操作，接着阅读下一段，依此类推。当你阅读和练习的时候，让放松的感觉笼罩着你。

找一个不会被打扰的、安全的地方对你会很有帮助——更衣室的安静角落、室外的长凳上、树旁或者卧室里。一旦你对正念休息变得更加熟悉，你就可以在任何地方进行尝试——在成套练习之前、在繁忙的机场中、在巡回赛或比赛场次的间歇，或者在激动人心的胜利或惨败之后。

接下来的几分钟，让我们休息一下，让今天的练习、明天的比赛、学业、工作、友情、家庭、闲言碎语、下一个新事物……让所有的事保持原本的样子……好好地休息。

让你的身体休息一下，如果感觉舒服，轻闭双眼，如果没有舒服的感觉，请将注意力集中在自己面前的一点。让你的身体感觉被更衣室里的长凳、酒店的沙发或者自己的床支撑着，让身体得到休息，甚至可以长长地、缓慢地叹一口气……

把注意力停留在呼吸上……注意腹式呼吸的节奏。注意腹部在每次吸气时扩张并随着每次呼气而收缩……将注意力收回到你呼吸的节奏上，让其他所有事物都淡出你的注意范围……呼吸，休息……哪儿也不去，什么也不做，不用成为谁，也不需要证明什么。

感受整个吸气过程，从吸气开始，直到吸气结束……然后是整个呼气过程，从呼气开始，到呼气结束……现在看看是否可以让你的注意力停留在吸气和呼气之间的宁静之地……然后在每一次吸气和呼气之间的宁静之地安然休息……

呼吸，休息，就这样……只要保持呼吸和安静就可以了……

感受一直存在于你内心的平静……

当你的注意力不集中时，慢慢将注意力收回到呼吸的体验上——感受腹部的呼吸节奏……

然后继续休息，继续将注意力集中在呼吸上，让所有事物保持它原来的样子……让自己保持原样……没有什么要去改变，去弥补或者去改进……

呼吸和休息，休息和呼吸。

在本练习结束时，你可能需要记住，在由快节奏媒体驱动的世界中，休息是一种全新的行为。通过练习，你可以随时随地学习呼吸和休息：当你系鞋带时……当你在课堂上或训练中挣扎时……当你与朋友闲逛时……当事情不顺遂时……尤其是当你感到紧张、沮丧、激动或生气时，这种休息和呼吸会特别有用。就像身体技能一样，你练习得越多，这种技能的使用就变得越自然。因此，要在宁静的状态下投入上述的呼吸和休息练习。请记住，只要你的注意力停留在呼吸上，你就可以随时恢复宁静。

现在你已经阅读完了，请允许自己通过听录制的音频或者按照上述指导进行休息练习3～5分钟，让自己休息一下。

反思：休息是什么感觉

花一些时间来反思一下你的休息经历并回答以下问题。

你能休息吗？选择一个答案：　　　　　　　　能□　　　　不能□　　　　偶尔能□

无论你是否能够休息，请以友善而好奇的态度关注你的经历并回答以下问题。

你的思想感觉如何？ _____

_____

你的身体感觉如何？ _____

_____

你的内心感受如何？ _____

_____

什么有助于你的休息？ _____

_____

关于休息你发现了什么挑战？ _____

_____

大多数人习惯于忙忙碌碌，并不断地思考必须做的所有事情，所以休息可能会让你感到巨大的解脱，或者不同寻常甚至不适应。但是，不管你经历了什么，休息绝对是好的。通过练习，在宁静中休息将变得更加容易。

有时候，当你坐下来休息时，你可能会发现自己的思绪纷飞，感到悲伤或生气，或者你的身体躁动不安。带着友善和好奇去留意这些感受，这就是正念。社交媒体、电影、电视和杂志封面上的图像给人的印象是，似乎保持正念就意味着始终要冷静、平和与幸福。但其实并非如此！正念就是简单地意识到当下正在发生的一切。因此，如果你的身体精疲力竭，心情激动或无聊，并且你意识到了你的这些体验，那么你就是在正念。

同样，你无须更改或修复任何东西。仅仅以友善和好奇的态度将注意力带入你当下的体验中就够了。芝加哥公牛队、洛杉矶湖人队、纽约尼克斯队和其他精英运动员的正念教练乔治·芒福德强调，在体育运动和生活的背景下，这种与当下紧密联系可以带来好处。

无论什么样的干扰和挑战出现在面前，我们越是保持内心深处的平静、安稳状态，我们所失去的平衡就越少。（Mumford，2015，82）

活动：鞠躬进退

当我还是年轻的体操运动员时，我的教练对日本男子体操运动员的训练技巧非常感兴趣。当时，日本男子主导着国际比赛。我的教练曾访问过日本，他带回了一个非常简单但功能强大的工具。他要求我们在进入体操馆时鞠躬。

这个简单的动作表明，我们把一切——作业、朋友、家庭、浪漫（或缺乏浪漫）、社交活动、快乐和烦恼抛于脑后，留在了体操馆之外，我们全神贯注地投入练习过程。蒂莫西·加尔韦在《心态制胜：超越评判、释放潜能的内心秘诀》中指出，掌握这种注意力的方式比掌握特定的运动技能更有价值。

如果在学习网球的同时开始学习如何集中注意力以及如何信任自己，那么你学到的东西远比强有力的反手击打动作更有价值。反手只能在网球场上发挥优势，但是掌握那种毫不费力的专注的技巧，在你无论做出什么决定时都是无价的。（Gallwey，2008，8）

在下面写出一个简单动作的简要说明，你应该认真做这个动作，以使自己在练习开始时完全融入当下。这个动作不一定是鞠躬；可能是点点头、跳进游泳池或踩到冰上。

_____

_____

_____

当我们完成练习后，我的教练也让我们鞠躬后再离开。在我的职业生涯中，我做了很多次，直到36年后，我仍然可以感觉到体操馆的样子：荧光灯照亮的蓝色运动地垫；深夜娱乐课参与者调整把杆或完成落地的声音；空气中发霉的白垩粉尘；当我鞠躬时，深夜冰冷的空气向我招呼（科罗拉多经常是寒冷的），用我的背向后推开门，离开体操馆。这个简单的鞠躬动作象征着，无论好坏，这一天的练习已经完成。

一起鞠躬进入和鞠躬退出标志着这是专门用于培养卓越技能的特定时间。知道并确认练习何时开始以及何时结束，可以使我们在训练课程中做到最好。

下面请简要描述一下你可以用来结束练习的简单正念操作。同样，它不一定是鞠躬，可能是将最后一个球扔进球桶，脱下头盔或拉上装备包的拉链。

_____

_____

练习：在鞠躬进入和鞠躬退出之间

在用鞠躬进入和鞠躬退出标记出培养卓越技能的特定时间时，重要的是能够在标记出的练习或比赛中将注意力集中在手头的任务上。因此，就像上面的休息练习一样，当你注意到在训练过程中思想已经不集中时，只需将注意力转移到当下，到呼吸，到身体，到环境中的某一点——脚在地面上的感觉或手在手套里的感觉。2008 年赢得奥运会金牌的加拿大赛艇运动员亚当·克里克（Adam Kreek）相信以下的理念。

每一刻的有意识参与是有效练习的金钥匙。练习不是我们的身体在进行运动时，我们的思想和精神却驻留在其他地方。相反，练习是关乎我们整个生命的专注努力，这将习惯和技能植根于潜意识中。在练习中处于当下的目标是在我们的思想、身体和精神层面创造出一种无意识的能力。（Afremow，2013,191）

活动：回忆愉快的事情

我们的头脑通常很忙碌，专注于解决问题，以至于我们没有注意到生活中轻松、幸福和有趣的简单时刻。看看你是否记得最近几天发生的一件令人愉快的事情。

社交媒体、电视和广告告诉我们，愉快的事情必须大，令人兴奋，例如参加炫酷派对、获得奇妙的礼物或赢得州冠军。然而，令人愉快的事情通常是短暂、简单的：抚摸你的狗，在练习结束时踢出一记高难度的射门，与朋友大笑，解决一道数学题，随着自己最喜欢的歌曲摇摆，欣赏美丽的日落……

一旦你记起一件愉快的事情，请填写下一页。只要几句简短的话或草图即可。在"思想泡泡"中，记下在愉快的事情发生时出现的想法。在"感觉泡泡"中，记下在事情中出现的情绪。在"身体泡泡"中，记下身体的反应以及身体在事情发生过程中的感觉。

当你填写时，不妨考虑一下你的五种感觉——视觉、听觉、味觉、触觉和嗅觉——以及在愉快的事情中的面部表情和身体感觉。

如果你在回忆令人愉快的事情时遇到困难，请从小事着手。你有没有听到一首很棒的新歌或者一个有趣的笑话？当你走路去训练时，你能感受到脸上的阳光或微风吗？
你是否与队友分享了轻松的时刻？你是否享受了一个美味的三明治？

愉快的事情

事情：＿＿＿＿＿＿＿＿＿＿＿＿＿＿＿＿＿＿＿＿＿＿＿＿＿＿＿＿＿＿＿＿＿＿＿＿＿

思想泡泡

感觉泡泡

身体泡泡

愉快的事情日历

日期： 发生了什么事情？	事情中出现了什么想法？	事情中出现了什么感觉或情绪？	事情中你的身体感觉如何？	现在当你写这件事的时候，你有什么想法、情绪和身体感觉？
星期一：				
星期二：				
星期三：				
星期四：				
星期五：				
星期六：				
星期日：				

　　你可能想知道本练习的目的是什么。欣赏生活中令人愉快的事情会将我们带入当下，这是缓解压力的良药。为了生存，我们训练大脑以寻找问题和威胁，当我们遥远的祖先生活在野外、丛林或热带稀树草原中时，这是非常有帮助的。但是，现如今这种精神习惯使我们大多数人感到压力，因为我们的思维错误地将普通的日常经历（丢失手机、艰苦的训练或者从队友或教练那里获得严厉的反馈）解释为威胁生命的事情。当我们的思想这样做时，我们的身体就会做出反应并产生应激激素，造成低程度的恐慌。

　　平衡思想寻找威胁的倾向与简单地享受我们的生活，这有助于练习欣赏生活中令人愉悦的时刻。欣赏愉快的事情为更高级的感恩练习（见第 12 章）奠定了坚实的基础。

给自己一份正念的礼物

　　在接下来一周左右的时间里，请尝试以下操作。

- 每天至少进行一次休息练习。大多数运动员发现，最佳练习时间是在放学或工作后、练习前、不同科目的家庭作业之间或在睡觉前。尽力创建适合自己的例行程序。
- 为自己创建每次开始和结束练习的仪式。
- 练习全天积极扫描。每天结束时，至少写下一个简单愉快的时刻。你可以在手机上设置每日提醒，并使用本章中的愉快事情日历来记录这些事情以及你的反应方式。有趣的是，承诺在每天结束时写下一件愉快的事情常常会帮助我们更好地意识到愉快的事情。

　　记住，学习正念和积极扫描（认识和欣赏生活中令人愉快的事情以及自己的进步和运动能力的发展），就像掌握运动技能一样，你练习得越多，就会越熟练。

第 3 章
身体觉察

人们对任何行动的觉察越多，从经验中获得的反馈就越多，并且学习得越自然。

——蒂莫西·加尔韦

在本章中，你将会练习在平静休息时，在进行基本的热身和整理程序时，甚至在完成更复杂的训练和比赛动作时，把友善和好奇的注意带到自己的身体上。本章中的原理将帮助你发展觉察到身体明显和微妙感觉的能力。

身体的正念可以通过三种特定的方式提供极大的帮助：①它可以帮助你精调你的表现；②它可以帮助你真正地检查并了解自己的身体状况；③它可以帮助你专注于当下，此时、此地，不让你的头脑里充满对未来或过去的迷恋。

基本概念：身体的正念

感觉身体的能力是达到最佳运动表现的关键。作为运动员，发展本体感觉是至关重要的，即感知身体位置、平衡和运动的能力。本体感觉可以让你感受到体重、平衡、力量、轨迹和时间上的微妙调整，这些感觉造成了在快速有力的起跑和缓慢迟钝的起跑之间、在成功完成后内结环三周跳（花样滑冰中的动作）和背部着地之间，以及在空心三分球和弹框而出的三分投篮之间的区别。通过身体扫描练习来增强对身体感觉的觉察，然后在训练和比赛的过程中增强本体感觉；增强的本体感觉使你可以自然地接收身体的实时反馈并精细调节你的决策和行为。最终，这种身体觉察将帮助你体验到流畅。

肖恩·格林在他的《棒球之道：在95英里/时的速度中寻找宁静之地》一书中，对击球时将注意力从思想转移到身体的过程进行了详细描述。

这项工作包括我在一个没有杂念的地方挥棒，学习把我的意识从头脑中剥离并重新导入我的身体中……

我发现在击球过程中的身体蜷曲和伸展之间存在一个空间。它类似于呼吸运动，在吸气和呼气之间有轻微的停顿……

我的挥杆所产生的所有力量都是从那个空旷的空间中冒出来的……虽然只持续不到一秒，但这个空间有时却感觉像是永恒，使时速 95 英里的快球似乎像沙滩排球一样飘浮在空中。（Green，2011，32）

这种细致入微的身体觉察不仅可以让你的表现更好，而且还可以帮助你发展内部感觉，即从内到外感受身体的能力。内部感觉对于防止过度训练和过度使用身体造成的伤害是很重要的。借助经验，你可以学会区分常规疲劳与过度训练引起的深度疲劳，以及训练中的正常酸痛和真正受伤时的严重刺痛。事实上，正如一项针对瑞典精英足球运动员的研究所发现的，练习正念的运动员较少受伤。（Ivarsson et al.，2015）

将身体觉察与记录训练类型、时间、强度和其他针对专项测量的训练日志相结合，可以帮助你在高强度训练与同等重要的休息和恢复之间找到最佳的平衡（参见第 4 章中的"周期化"）。特定运动项目的测量示例，包括滑冰和体操中的例行重复练习、棒球中的投球计数和速度、自行车中的功率输出、比赛的分钟数以及由许多高科技传感器测量的细微运动（加速度、方向变化、作用力和生物力学负荷）和对它们进行的复杂分析（Leung，2015）。最终，身体觉察可以帮助你最大限度地发挥身体的能力，同时意识到并尊重身体的极限。

练习：身体扫描

让我们练习一下把友善和好奇的注意带回身体。坐或躺在一个舒适的地方。如果感觉舒适，请闭上眼睛，否则请把注意力集中在你前方的一个点上。

把手臂放在身体两侧休息，如果你的双腿交叉，则将它们分开。

在下一次吸气时，感觉背部延长并伸直；在下一次呼气时，让肌肉放松。花点时间检查一下身体。此时此刻，你的身体怎么样？……你的整体能量水平是多少？……是否有任何地方需要你友善和好奇的注意？……是否有任何迹象表明即将发生伤害或疾病，或者正在恢复健康？……

根据你自己的时间，将注意力集中在熟悉的腹部呼吸上。让注意力停留在呼吸的节奏上。为了帮助自己注意呼吸，你可能想把一只手放在你的腹部，另一只手放在你的胸部……感受呼吸的节奏，并注意身体、思想和内心如何响应这种简单的触摸……

准备好后，把双手放在腿上或身体两侧休息，然后将友善和好奇的注意随着呼吸带到你的双脚。注意双脚的感觉——对袜子的感觉、对鞋子的感觉；如果你是赤脚，则感受对空气的感觉。

也许你能感受到脚趾之间的空隙？也许你能感受到脚部肌肉和骨骼的感觉？

现在，让注意力向上转移到脚踝和小腿。注意脚踝的感觉，并感受小腿肌肉的曲线和胫骨的笔直……

准备好后，用呼吸将注意力转移到膝关节上，感受那些支撑膝盖的肌肉和肌腱的活动，然后去感受膝关节……

呼吸并感受膝关节的感觉，也许你会注意到当下的任何体验——放松、躁动、和平、困倦、烦躁……让一切顺其自然。

根据自己的时间，随着呼吸把注意力转移到大腿和臀部的后部，感受大腿与椅子、地板或床接触的地方，以及没有发生接触的地方。让注意力集中在大腿外侧，向上，越过大腿上方，横跨大腿内侧。也许你能感觉到衣服的重量和大腿不同部位的特殊感觉。

现在，把注意力转移到你的骨盆，也就是你的腿与躯干相连的地方，也许你可以感受到呼吸引起你的骨盆扩张和收缩。

现在，再次将注意力集中在你熟悉的腹部呼吸上。在吸气与呼气之间的宁静之地休息，呼吸……

随着呼吸将注意力从腹部沉入腰背部。看看你是否能感觉到腰背部随着呼吸进行扩张和收缩。试着简单地注意你的身体里正在发生什么，紧张的感觉、舒适的感觉，抑或是自然的感觉，也就是没有任何特殊的感觉。在没有任何评价或"故事"的情况下注意你的体验。

现在，随着呼吸将注意力向上移动到中背部和上背部，感受中背部和上背部随着呼吸进行起伏，探索肩胛骨之间的区域……

当你的注意力被一个想法、一种感觉或者一个更复杂的"故事"吸引时，请温柔地、亲切地把你的注意力收回到当前的指令上来。

准备好后，随着呼吸让注意力在胸腔周围盘旋，感受胸部随着呼吸进行运动的感觉。

现在，随着呼吸让注意力转移到肩膀上，沿着手臂向下转移到手中，注意手臂上任何疼痛或舒适的感觉，探索手掌、手背和手指的感觉。

现在随着呼吸让注意力移到脖子上，沿着脖子的后部、脖子的两侧和脖子的前部移动，也许还能感觉到注意力在喉咙里的移动。

现在，随着呼吸将注意力转移到你的面部，感受下巴的位置、嘴唇的曲线和面部表情。

也许你会感受到气体在鼻子的进出，脸颊、眼睛和眼睑的感觉，头发的触感或额头上的空气？

随着呼吸让注意力沿着头的两侧进入耳朵，再到达头的后部，再向上到头的顶部，再进入大脑……

现在随着呼吸将注意力充满整个身体——大脑、头部、面部、颈部、手臂、手、胸部、背部、腹部、骨盆、腿和脚。

感觉气体充满了你又完全排出。如果你愿意，可以感受气体从脚底开始向上穿过你的腿、躯干、手臂、颈部和头部；再从头部向下穿过颈部、手臂、躯干、腿和脚——通过身体释放。

花点时间欣赏你内心的宁静、能量和活力，并感激你的身体，它现在就在这里……

随着本练习的结束，请记住，对身体带着友善和好奇的注意可以帮助你回到自己的身体里，回到属于自己的家，尤其是在困难的时候。任何时候，当你发现自己陷入了低迷的思考或被强烈的情绪所困扰时，你就可以用非常简短、隐秘的方式将注意力转移到自己的身体上。你会注意到呼吸的感觉，你踩在地面上的双脚……通常，选择把注意力从头脑中转移到身体上——腹部，或者双脚——可以减小强迫性思考和感觉的强度。

对身体保持正念是进入当下、进入宁静之地、进入流畅状态的方法之一。

反思：身体扫描

将注意力放到身体上是什么感觉？

_____

_____

_____

你发现此时此刻你的身体是怎样的？

_____

_____

_____

现在，你已经对自己的身体产生了某种友善和好奇的关注，你的思想和内心的感觉如何？

_____

_____

_____

_____

活动：手指瑜伽

把左手放在左边大腿上，用右手食指和中指轻轻拉动左手无名指向后。请注意你的极限——在避免引起疼痛或伤害的位置停止拉伸。

这是个非常简单的训练，目的是让你练习真正地倾听自己的身体，充分拉伸到当前的极限，感觉过于强烈时稍微退回来一点。

现在也许你可以考虑做一些其他简单的拉伸并保持同样友善和好奇的关注。例如，站着把两只胳膊向上伸直，然后从腰部向右倾斜，使你的身体呈 C 形，感受拉伸的感觉，呼吸扩张左侧的肋骨，压缩右侧的肋骨……然后在另一边重复拉伸，向左倾斜……当你拉伸身体的时候，自然地呼吸，并把友善和好奇的关注带到拉伸的体验上。

另一个拉伸练习，站立，双手在背后扣紧。在保持身体垂直，胸部向上的同时，轻轻地将手臂向上抬至最高，感受胸部、肩膀和手臂的感觉。在完成这些简单的拉伸之后，请注意你的身体、思想和内心的感觉如何。

通过练习，你不仅可以学会缓解身体上的不适，甚至可以舒缓内心的不适。例如，你在团队合作中遇到困难或情绪低落时，可以尝试通过拉伸和放松缓解挫折感或悲伤。或许可以尝试与挫折感或悲伤一起做 3 次深呼吸？

我们将在第 6 章"照顾情绪"中对此活动进行更深入的探讨。目前而言，了解身体拉伸对你可能有所帮助，你可以练习轻轻地将拉伸带入精神和情感体验。与身体拉伸一样，当你在精神和情感上做拉伸时，重要的是知道什么时候该放弃、释放和寻求帮助。就像身体拉伸一样，当拉伸你的思想和内心，它们会变得更加灵活和平衡。

练习：具身热身和整理

练习身体扫描后，注意自己的身体处于宁静之地时的状态，你可以通过每周两三次有意识的、安静的课前热身或课后整理活动，将身体觉察融入你的练习中。当你完成常规技能训练和拉伸时，让一天中所有的想法和感觉都成为背景，并将你的注意力全部集中到你的身体上——真正感受肌肉的状态、关节的刚度或柔韧性、能量水平、心率和呼吸。但是，如果今天你的身体很好，那么没有必要去改变任何东西。只需将你的注意力全部集中到此时此刻并觉察自己的身体就足够了。

活动：所见所感——可视化和躯体化

通过观摩精英运动员并通过可视化来改进自己的运动技术动作、策略。虽然他们并不总是用"正念"这个词，但诸如著名运动心理学家吉姆·泰勒（Jim Taylor）认为，当这些技能被正念具身化的时候才最有效。正念具身意味着不仅观摩精英运动员或设想自己执行特定的动作，而且实际上感觉自己正在做这个动作。

好的表象练习不仅仅是视觉上的，这就是我不喜欢称之为可视化的原因。最佳的表象练习涉及实际运动体验中的多感官再现。你应该重现在实际比赛中所体验到的视觉、声音、身体感觉、想法和情感……心理表象中最有力的部分是在你的身体里感觉到它。你就是这样才真正学会新技术、心理技能以及建立新习惯的。将想象的和真实的感觉结合起来是增强表象练习中的感觉的一种有效方法。想象自己的表演，并随着想象移动身体。（Taylor，2012）

本周，请选择你想要改进的一个简单、非常具体的技术动作环节。例如：上篮的最后一步和出手；橄榄球中有效抢断的姿势、重心分配和角度；游泳出发入水的深度和轨迹。在网上搜索全世界这些动作细节做得出色的运动员的视频资料，当你观看视频的时候，看看你是否能感觉到自己的身体也在做这些动作。或者更好的是，观看有关该环节最佳表现的视频。然后闭上眼睛，从内到外观察并感觉到自己成功地完成了该动作环节。

请记住，观察和感受职业选手的动作确实是有帮助的，而且重要的是要注意到每个人都是不同的，对具有一定身高、体重、力量和柔韧性的职业选手行之有效的方法对你来说可能并不是最有效的。把注意力完全放在自己的身体上，并感觉自己的方式，将使你发现最适合自己的方法。继续使用本书中的练习，你可能希望每周选择一种特定的技能来进行观察和感觉，或者进行可视化和躯体化。

斯坦福大学橄榄球外接手弗朗西斯·奥乌苏（Francis Owusu）的背后接球触地得分，也许是归功于可视化的最令人难以置信的运动成就之一。斯坦福大学在 2015 年常规赛中 56∶35 战胜加利福尼亚大学洛杉矶分校，被称为"年度最佳"。要明确的是，奥乌苏没有在自己的背后接住橄榄球——他是在对手的背后接住球的。尽管他看不见球，但他把手伸向了对手并给了对手一个"熊抱"，在两个球员都摔倒时接住了球，并设法保持住球。其中大部分的功劳都归于奥乌苏的教练，他的教练创造了一种训练，使接球者的视线在比赛中是模糊的。正如奥乌苏所指出的那样，"在那一瞬间，你必须追踪它，看看它将降落在哪里，你只需在心理上为它做好准备"（Mazeika，2015）。

练习：呼吸进入并贯穿

在练习和比赛中，你可以将呼吸练习和在运动中的身体感觉练习结合起来。我的朋友兼同事托德·科尔宾（Todd Corbin）是一个小联盟的教练，他鼓励球员通过投球、挥杆或投掷来呼吸和感觉。肖恩·格林写道："不管是在击球，还是在罚球线上、在激烈的商务会议中、在高速公路上开车或是谈论人际关系问题，一次有意识的呼吸都能令身体放松"（Green，2011，121）。你可以通过呼吸进入或完成哪个动作环节？罚篮？点球？体操中的结束动作？

活动：向外和向内

显然，将我们的注意力转向内部，检查我们的身体，了解我们的感觉，并利用这些信息来调整我们的训练、饮食、睡眠和特定的动作环节是很有价值的。将同样友善和好奇的关注引入外部环境也是有益的。对许多运动来说，了解天气是很有用的——比平时更热还是更凉？风有多大，风的方向是什么？相对而言，比赛场地的状况是会让选手们跑得更快，还是变慢？裁判是不作为还是过分严格？你的队友是火力全开，还是比平时慢一点？你的对手倾向于向左移动还是向右移动？网球大满贯冠军安德烈·阿加西（Andre Agassi，美国网球运动员）提供了一个生动的例子，说明了这种向外关注的好处。阿加西通过关注鲍里斯·贝克尔（Boris Becker，德国职业网球运动员）的舌头，明白了贝克尔的"话"，并提高了他与贝克尔竞争的能力："就在他抛球之前，贝克尔伸出舌头，就像一支红色的箭头指向他瞄准的地方"（Agassi，2009）。

了解与外部环境有关的细微和不那么细微的环节可以让你做出必要的调整。如果天气热，你可以多喝些水或运动饮料。如果有风或者场地表面摩擦力大，你可以在足球传球或反手击球时用更大的力。如果裁判吹罚严格，你应该以一种更加守规则的方式进行比赛。如果你的对手向左打，你可以移动你的位置。如果你的队友技术不精，你可以放慢传球速度，或者把球传给别人。

练习：观察空间和机遇

许多年轻运动员只专注于传球或投篮，但经验更丰富且技术娴熟的运动员还学会了观察空间。就像在呼与吸之间找到宁静之地一样，你可以扩大自己的感知范围，包括场地上的开放空地、防守者之间的空间、你或你的队友可能移动的空间、停顿或加速的空间。观察空间会带来巨大的创造力、可能性和机会，你能为自己、队友或球队，进行相关练习吗？

下一次你有机会走在拥挤的地方——繁忙的街道、地铁站、机场——练习快速、专心地走路。感觉身体的运动，脚与地面的接触，步幅，手臂的摆动和呼吸。练习观察，不仅观察环境中的人与物，而且还观察人与物之间的空间。这个空间就像呼吸之间的宁静之地，思绪之间的停顿，各种感觉之间的平静。当然，当你准备好的时候，你可以把这个练习带到运动场、球场或者是冰场上。

给自己一份正念的礼物

在接下来一周左右的时间里，请尝试以下操作。

- 练习将友善和好奇的关注带入自己的身体和环境中；
- 利用练习和比赛中的过渡或间歇时间，让你的注意力回到此时此地——你的身体、环境、对手和队友，如果他们存在于这一刻；
- 选择一种技术进行可视化和躯体化；
- 练习观察空间和机遇。

第4章
自我照顾

要知道你身体的想法……要了解它需要什么、不需要什么。你需要兼任工程师、数学家、艺术家和神秘主义者。

——吉尔·雷耶斯（Gil Reyes），安德烈·阿加西的教练

本章提供了在训练和比赛期间用心照顾身体的基本信息。美国奥林匹克委员会的座右铭是"不是每四年，而是每一天"，这清楚地表明，日常的选择可以创造卓越。《通往卓越之路：像冠军一样思考、感受和行动》一书的作者吉姆·阿弗莱莫（Jim Afremow）写道："你不需要每一秒都受到纪律约束，而只需在需要你避免诱惑和／或开始积极行动的几个关键时刻遵守纪律"（Afremow，2013，15）。这两句话都强调了一种自我照顾和达到最佳表现的平衡方法。正如前面指出的那样，没有人能时时刻刻保持专注和自律。重要的是能够识别关键时刻，并在这些时刻做出选择，这将支持你作为一名运动员的发展。在本章中，你将考虑在身体健康、训练和比赛方面所做的许多基本选择。

基本概念：*微调*

虽然你无法控制一切，而且事情并非总是按计划发展，但重要的是要把你友善和好奇的关注集中在你健康和幸福的各个方面，并认识到在训练和比赛中什么对你是最有效的。你可能很幸运有一位像我第一位体操教练那样的教练，他致力于学习和分享他所能做的一切以激发你的潜能，或者你可能会有一位老派的教练，尽管科学研究表明其他方法可能更好，但他仍以他当运动员时学到的方式执教。从长远来看，你应该向教练、营养师、培训员、与运动相关的文章和书籍学习，而最重要的是向你自己的身体学习，来开发和完善使自己能够在最佳状态下执行任务的系统和程序。

以下部分概述了一些与微调运动表现相关的基础科学，并提供一些小提示以帮助你养成习惯，从而改善身体健康并优化训练和比赛能力。

睡眠

科学研究证实：增加睡眠可以改善特定的、可测量的表现参数、情绪和敏捷性。（American Academy of Sleep Medicine，2008）增加 2 小时的睡眠并且达到至少 10 小时睡眠时间的篮球运动员显著提升了他们在场上的表现——特别是冲刺速度，此外罚球和三分球命中率都提高了 9%。球员们还报告说，在训练和比赛中，紧张、愤怒和混乱的感觉有所减轻（Mah et al.，2011）。延长睡眠时间的游泳运动员出发反应时间缩短 0.15 秒，15 米短距离游泳速度能缩短 0.51 秒，转身时间缩短 0.10 秒，并增加了 5 次踢腿打水动作（American Academy of Sleep Medicine，2008）。

斯坦福大学睡眠科学与医学中心的研究员，也是上述两项研究的主要研究者谢里·马（Cheri Mah）写道："所有运动项目的运动员都可以从额外的睡眠中大大受益，并获得额外的竞争优势，从而达到个人最高水平……我从事过的各种运动项目中的许多运动员……创造了多项新的个人纪录和赛季最佳成绩，并打破了保持已久的斯坦福大学和美国纪录（American Academy of Sleep Medicine，2008）。"

因此，考虑到这一点，把你友善和好奇的关注放在自己的睡眠习惯上，填空或圈出答案。

➢ 你通常几点睡觉？ ＿＿＿＿＿＿＿＿＿＿＿＿

➢ 你通常几点起床？ ＿＿＿＿＿＿＿＿＿＿＿＿

➢ 你睡得怎么样？　　　　　　　　　　　　　很好　　还行　　不太好

➢ 你每晚至少有 10 小时的优质睡眠吗？　　　　　　　　　是　　　否

➢ 知道运动员通常在有至少 10 小时的优质睡眠时表现最佳，你需要更多优质的睡眠吗？　　　　　　　　　　　　　　　　　　　　是　　　否

➢ 如果是，你将如何调整时间表以获得更多的睡眠？

＿＿＿＿＿＿＿＿＿＿＿＿＿＿＿＿＿＿＿＿＿＿＿＿＿＿＿＿＿＿＿＿＿＿＿＿

＿＿＿＿＿＿＿＿＿＿＿＿＿＿＿＿＿＿＿＿＿＿＿＿＿＿＿＿＿＿＿＿＿＿＿＿

➢ 为了获得更多的睡眠你需要改变哪些习惯？是否需要减少在社交媒体、看电视、与朋友或队友一起玩耍方面所花的时间？是否应该避免下午 3 点之后喝含咖啡因的饮料？

其他：＿＿＿＿＿＿＿＿＿＿＿＿＿＿＿＿＿＿＿＿＿＿＿＿＿＿＿＿＿＿＿＿

有趣的是，那些练习正念的失眠症患者报告说，自己睡眠质量改善，醒来时更加清

醒，受失眠的困扰更少，并且当失眠发生时能够更好地应对（Hubbling et al.，2014）。

营养

如果你常吃天然食品——水果、蔬菜、全谷类、瘦肉、牛奶、奶酪和鸡蛋，并且避免过度加工的食品，你的身体运转就会达到最佳状态。加工过的食品通常是白色的，如白面粉和白糖，并含有添加的脂肪、糖（以"糖"结尾的成分，如蔗糖、果糖和葡萄糖）、盐和人造成分。预包装食品更可能被高度加工。多种配料的名称不明，这说明该食品经过了加工。你还需要避开那些由于食物过敏或食物不耐受而不适合你身体的食物。你如果因为经常在吃完一种特定的食物后感到腹胀和疼痛而怀疑自己患有食物过敏或食物不耐受，则可以通过在休息和恢复期间遵循避免过敏饮食来检验自己的推测。

考虑到上面最基本的信息，至少在接下来的一周，你会对自己在吃什么、怎么吃、吃多少、吃完后身体的感觉产生友善和好奇的关注。下面通过圈出答案或填空来回答问题。

➢ 你吃的大部分食物是天然的还是经过加工的？

➢ 你的食物是否包括营养均衡的水果和蔬菜、优质蛋白质（瘦肉、鸡蛋、乳制品、坚果、豆类）、碳水化合物（全麦面包和面食、糙米、土豆）和健康脂肪（橄榄油、鳄梨油）？　　　　　　　　　　　　　　　是　　否

➢ 你对摄入和消耗的热量有大概的认识吗？　　　　　　　　　有　　没有

➢ 你能辨别出饥饿的迹象（腹部空虚、轻微头痛、疲劳、易怒、无法完成锻炼）吗？　　　　　　　　　　　　　　　　　　　　　　　能　　不能

➢ 当你已吃饱而又没有过度饮食而感到满足时，你能辨别出饱腹感的迹象（75%的饱腹感，头脑清晰、精力充足）吗？　　　　　　　　　能　　不能

➢ 你在饿的时候吃东西，会在吃饱之前停下来吗？　　　　　会　　不会

➢ 当你生气、疲倦或孤独时，你会借助食物来寻求安慰吗？　会　　不会

➢ 如果会的话，你最渴望什么呢？

_____

_____

补水

适当地补水是达到最佳表现的另一个基本要素。众所周知，脱水会对运动员在长跑、自行车和铁人三项等长距离项目中的表现产生负面影响。研究表明，当一个人的

脱水量达体重的 2% 时，其运动能力就会受到损害；脱水超过体重的 5% 时，其运动能力将下降 30% 左右。鲜为人知的是，在进行高强度（冲刺式）运动之前脱水，会导致运动员在几分钟内疲劳，也会影响运动表现。如果一个运动员脱水量为体重的 2.5%，则其运动能力最多可能会降低 45%（Jeukendrup and Gleeson，2010）。

因此，补水是非常重要的。出门在外时，适当地补水就更重要了，因为出行本身就是在脱水，而在炎热、潮湿的情况下进行训练和比赛时，补水尤其重要。为了解你补水的程度，请圈出符合你实际情况的答案。

> 你每天喝 6 到 8 杯水吗？　　　　　　　　　　　　　　　　　　　是　　否

> 你每天喝含咖啡因的饮料（苏打水、咖啡）少于两杯吗？　　　　　是　　否

（咖啡因有脱水效果。虽然苏打水和咖啡是液体，但它们实际上会使你产生尿液，而且尿液排出的水分比你摄入的多。酒精也是如此。因此，从补水的角度来看，如果你要摄入咖啡因或酒精，你就要增加非咖啡因液体的摄入量。）

> 你的尿液是淡黄色吗？　　　　　　　　　　　　　　　　　　　　是　　否

（把你友善和好奇的关注转向尿液的颜色，是一种用来判断你是否需要补水的简单方法。理想情况下，尿液应该是淡黄色。）

对于那些从事耐力运动或在高温下比赛的运动员来说，用运动饮料补充简单和复杂的糖和电解质也是很重要的。这方面有多得令人难以置信的产品可供选择。研究表明，含有 6% 至 8% 混合碳水化合物（Brown，E. 无具体时间）和电解质（毫克 / 升）在以下范围内的产品最容易被吸收和利用：400 ～ 1 100 的钠，500 ～ 1 500 的氯化物，120 ～ 225 的钾，45 ～ 225 的钙和 10 ～ 100 的镁（Brouns, Saris and Schneider，1992）。

在持续 90 分钟以上的耐力训练和持续 60 分钟以上的高强度运动训练期间饮用运动饮料，可以补充水分和血糖，给运动的肌肉提供燃料，延缓疲劳，并提高运动成绩或比赛表现。在营养价值等效的产品中，最好的运动饮料不一定是被你的队友或博客大肆宣传的。相反，它是你足够喜欢、可以实际使用的——一个味道很好并且在你自己的身体中发挥良好效果的产品。除非你是受赞助的运动员，有义务使用一个特定的产品，否则在接下来的一个月左右，花一些时间来寻找一种运动饮料，该饮料在比赛条件下会为你带来良好的感觉和效果。

训练

对于大多数运动员而言，训练变得越来越科学和深思熟虑。除了前面提到的问题

外，大多数高竞争力的运动员都把时间集中在发展力量、速度、耐力、柔韧性和核心力量以及其他专项运动技能上。希望你的教练或体能训练师已经为你提供了一套基本的强化和拉伸流程。认真执行这些基本训练流程有两个好处：首先，调整身体，使你能够充分利用身体锻炼；其次，这样做可以同时加强你的正念练习。

行程、时区和在高海拔地区比赛

如果你以团队成员的身份参加比赛，那么你的行程通常由你的教练或领队决定。如果你以个人身份参加比赛，你的行程安排可能会有更大的灵活性。无论以哪种方式，明智的做法都是制定行程时间表，使你能够在身体、精神和情感上都达到最佳赛前准备状态。小事情会带来大不同。

- 编写、完善和使用一份详细的装箱单；
- 出发前到达指定的集合地点；
- 吃健康的食物，喝大量不含咖啡因的饮料（出行，特别是飞行易导致脱水）；
- 在行程中用一点时间来做正念练习；
- 准备鼓舞人心的音乐、电影或阅读材料；
- 考虑你是否能够在汽车里、公交车上或飞机上睡觉；
- 和你的队友们打成一片；
- 意识到行程会带走你一些东西（体能、状态等）；
- 安排更轻松的锻炼或更缓慢的热身，以激活身体；
- 在确定自己的日程安排前，要知道自己是在家的时间越长（这样可以保持自己的日常作息并在自己的床上睡觉）表现越好，还是早点到达赛区，从而有更多时间安顿下来并适应场地表现更好。

最后一个注意事项取决于比赛的持续时间和性质：大多数运动员都受益于将他们的生物钟调整至与当地时间相适应并适应在高海拔地区比赛。比赛时间越长（公路自行车、马拉松、铁人三项、超长距离比赛），适应就变得越重要。如果可能的话。

- 每跨越一个时区，须预留至少一天的赛前调整时间；
- 出发前调整训练负荷和训练时间；
- 去往东半球时选择夜间航班；
- 飞机起飞前将时钟切换到目的地时区；
- 根据目的地时间进食；
- 补水并使用耳塞、眼罩、褪黑素和照明设备；

- 抵达后调整训练时间表；

- 走出户外晒晒太阳，以调整你的生物钟；

- 当比赛地的海拔在 2300 米以上时，需要提前 2 周到达目的地进行适应。每再升高 610 米，就需要增加一周的时间。（McArdle, Katch and Katch，2007）

周期化

现在，大多数运动员——当然不是所有，根据年度周期计划他们的训练——在赛季前进行身体训练，并力争在本赛季的几项主要比赛中达到巅峰状态。尤其是耐力运动员，每个赛季会绘制 2 ～ 3 个峰值，制定增加训练强度、减训、比赛和恢复的特定周期。由于身体不可能在整个赛季中保持巅峰状态，因此制定这些特定时期的过程被称为周期化，将允许你为自己的目标比赛尽力而为，无论是当地的 10 千米赛跑或 100 英里骑行、全国赛、世界赛或奥运会。

也许你正在和教练一起制定你的时间表。这种情况下，希望他已经计划了赛季前身体训练、技能发展、体能提高、比赛、巩固、整合、修复和恢复的各个阶段。即便如此，用友善和好奇的态度注意你的年度日程也是很有帮助的。请在下面非常简单的日历上输入以下信息。

- 3 ～ 4 个目标比赛的日期；

- 赛季开始的日期；

- 赛季结束的日期；

- 假期、家庭活动、学校的重要事情或工作任务，如期末考试或大型项目以及会影响你训练的特殊情况的日期；

- 增加训练量的"构建期"；

- 减训期（经过一段紧张的训练，减训是必要的，让身体恢复。重要的是要弄清楚减训并不是完全不训练，或者只是非常简单的训练。相反，减训是在保持一定训练强度的同时减少训练的次数和持续时间）；

- 休息和恢复期（与减训期一样，这不是不训练的时期，而是进行更轻松的训练和有趣的交叉训练的时期）。

综合起来，这些对长期训练负荷的精确调整可以使身体保持最佳状态并最大限度地从先前构建的周期中获益。

周期化（年度）

月份	第 1 周	第 2 周	第 3 周	第 4 周
1 月				
2 月				
3 月				
4 月				
5 月				
6 月				
7 月				
8 月				
9 月				
10 月				
11 月				
12 月				

现在你有了年度日程的大纲。在每个月初，你可以使用强度（积累）日和恢复日的相似原理来制定更详细的每周计划表。将来，你可能希望在你的休赛期开始时启动你的年度日程。

许多运动员严重低估了减训期、休息和恢复期的价值，他们经常在目标比赛前过度训练。不幸的是，他们最终的结果是精疲力竭和倦怠，严重时还可能患有医学诊断的肾上腺皮质功能不全和慢性疲劳综合征。

在连续输掉 46 次职业高尔夫球比赛后，高尔夫冠军球手奇普·贝克（Chip Beck）承认他已经因比赛的强度精疲力竭，并且应该在疲倦出现之前休息 3～6 个月。他指出："适当的休息对高水平的表现是至关重要的"（Afremow，2013，234）。也许，如果他在赛季开始的时候就将减训、休息和恢复纳入自己的时间表，那么他将不需要一个计划外的、长时间的休息期。"你不能一直推，一直推，推掉所有的时间。你需要休息和准备，就像音乐中的休止有时比音乐本身更为重要"（Afremow，2013，234）。

基本概念：明智的努力和预防伤害

在本节和下一节中，我们将对上一节介绍的努力，休息，坚持和退让的主题进行进一步的阐述。微观的即时选择和宏观的全局选择将帮助你同时遵守并超越当前的极限，最终优化你的表现。我们一般的文化，尤其是体育文化倾向于信奉"没有痛苦就没有收获"。虽然在体育运动中，我们必须超越极限才能进步，但确实太努力、太频繁地推进通常会导致身体、精神或情绪上的倦怠。

正如后面的图片所示，在松懈和用力过猛之间有一条细微的界线。有了正念，你就可以找到最佳位置——那条线，那个挑战自我并不断完善自己的地方，而不必冒原本可以避免的受伤或倦怠的风险。这需要倾听身体的声音，而不是思想的声音；思想往往会低估或高估我们的能力，说一些类似"我完蛋了""我就少做这一组"，或者"我明白了""还不错""就再多做一组"的话。两届奥运会金牌得主，2015 年世界杯冠军以及 2015 年和 2016 年国际足联年度最佳球员卡利·劳埃德（Carli Lloyd）指出："（受伤的经历）适时地提醒了你照顾身体的重要性。身体的力量和活力是一切的起点。你需要倾听它，并在它需要治愈时让它痊愈"（Lloyd and Coffey，2016，82）。

胜负之间
的距离

训练和损伤
之间的距离

　　疲劳、疼痛、痛苦，甚至损伤都是运动生活的一部分，有时候，你应该忍耐并带伤比赛。但是，作为运动员、教练和一种文化，我们经常把这种思维推向不健康的极端。如果你有正念的话，你可以学会注意到即将受伤的早期身体迹象，以及过度训练的身体迹象——通常是精神和情感上的迹象。以这种方式关注自己将使你在边缘处退避而不是向前冲过去。

基本概念： 活力银行账户

在任何特定的时刻，我们每个人在自己的"活力银行账户"中都拥有特定的能量。作为一名运动员，至关重要的是，你的账户中必须保持一个可观的正余额。三个简单的问题将使你能够随着时间的推移跟踪自己的能量余额，并做出适当的即时选择，以保持余额为正，从而帮助你达到最佳状态。

1. 我的活力银行账户目前的余额是多少？

2. 该项选择将在我的活力银行账户中存款还是取款？

3. 我需要做出哪些选择才能在活力银行账户中保持正余额？

运动员有意识地选择保持正余额的典型例子包括：由于在奥运会开幕式后的头几天有比赛安排而选择不参加开幕式的运动员，以及那些因为比赛日程在奥运会最后阶段而选择跳过开幕式甚至不搬进奥运村，或者直到比赛前后才搬进奥运村的选手。根据他们在多年的比赛中所学到的关于保持正余额的经验，这些运动员做出了最明智的选择，以优化他们的表现。他们做出这些选择时知道，不管他们的比赛结果如何，他们仍然能够享受闭幕式。

活动： 在活力银行账户中保持正余额

为了发展你实时应用活力银行账户原则的能力，请先从使用详细的"每日活力银行余额"工作表开始。首先，输入当前的余额：从 −10（精疲力竭）到 +10（精力充沛），你将如何评价你当前的余额？这是你的初始余额。现在输入你的存款（+1）和取款（−1）。存款的例子包括：睡个好觉、吃顿健康有营养的饭、听音乐、和好朋友一起玩、好好拉伸一下身体、洗澡、观看自己最喜欢的节目或鼓舞人心的视频、与宠物一起放松、康复锻炼、按摩、约会、在宁静之地休息。取款的例子包括：紧张的训练、生病、重大项目、测试或期末考试、与亲朋好友或队友或教练发生争执、与男友或女友分手以及家庭或团队中的重大变化或疾病。

带着友善和好奇，关注特定情况下的反应方式，你将了解各种存款和取款的价值。例如：你可能会认为与朋友共进晚餐是一笔存款，结果却发现汉堡给你留下了沉重和肿胀的感觉；你踢足球和跳舞的时间使你的双腿疲惫；苏打水使你保持清醒。这并不是说你不应该与朋友外出，只是你需要了解它的代价，以便你可以在进行此类取款时做出明智的选择，从而可以及时存款，以重新保持正余额。在激烈的训练期间或目标比赛之前，这一点尤其重要。

注意健康状态和一些准备工作会使你更少地遭受精疲力竭、过度劳损、过度训练、肾上腺皮质功能不全和慢性疲劳综合征的困扰。最终，这些练习将帮助你在运动和生活中找到流畅。理想情况下，随着时间的推移，你将能够计算出简化的每周活力银行余额，或者通过调整身体并在头脑中记录存款和取款来追踪余额。但是，如果你容易发生过度训练，则可以在较长的时间内计算活力银行账户每天的结余，直到你将这个过程内化。

每日活力银行余额

项目	存款	取款	余额
初始余额			
睡眠	+	–	=
营养	+	–	=
补水	+	–	=
训练	+	–	=
行程	+	–	=
疾病 / 损伤	+	–	=
学校	+	–	=
工作	+	–	=
关系	+	–	=
乐趣	+	–	=
其他	+	–	=
结余			

每周活力银行余额

项目	存款	取款	余额
初始余额			
周一	+	−	=
周二	+	−	=
周三	+	−	=
周四	+	−	=
周五	+	−	=
周六	+	−	=
周日	+	−	=
结余			

活动：建立赛前仪式

　　许多运动员发现建立赛前仪式很有帮助。运动员建立这些仪式是为了将他们的注意力集中在当下，点火启动并让身体、思想和心灵为比赛做好准备。众所周知的赛前仪式包括：跨栏运动员米歇尔·詹奈克（Michelle Jenneke）愉快地跳舞，尤塞恩·博尔特（Usain Bolt，牙买加短跑运动员）在进入起跑区前指着天空，以及迈克尔·费尔普斯（Michael Phelps，美国职业游泳运动员）在检录室里大声播放埃米纳姆（Eminem，美国说唱歌手、词曲作者、唱片制作人、演员）的歌。斯蒂芬·库里（Stephen Curry，美国职业篮球运动员，司职控球后卫，效力于 NBA 金州勇士队）是 2015 年和 2016 年 NBA 的最有价值球员（Most Valuable Player，MVP），他的赛前仪式具有趣味十足、功能强大且极为贴心的特点。他有一串和他妻子相配的箭头纹身，它们彼此指向对方，在比赛开始之前，他把它们展示给他的妻子。"它们意味着过去在我们身后，未来在我们面前，所以我们现在活在当下。我会拍一拍我的纹身，她也这么做"（Shipnuck，

2016）。显然，库里觉得专注当下是如此重要，以至于他身上刻有一个警示纹身。

研究表明，那些使用赛前行为程序的运动员能够更好地克服逆境和注意力分散。当要求高中男子篮球运动员分别按照和不按照自己的投篮前程序进行罚篮时，25 人中有 20 人在不按程序的情况下得分更低（Gooding and Gardner，2009）。

如果你已经有一个赛前仪式，请详细写在这里。如果没有，那就做一些你觉得对你而言有用的简单事情。理想情况下——因为有时会发生不测，你的仪式应该是简单的、灵活的，并且尽可能自由，包含一个让你微笑并帮助你激活的好玩的元素。

1._____

2._____

3._____

4._____

无论你已有一个用过并且有用的仪式，还是第一次建立一个仪式，都要对你仪式中的每一个元素给予友善和好奇的关注。你可以随时根据需要简化、调整和完善你的仪式。考虑以下几点。

- 你的仪式可以带你进入当下吗？
- 你的仪式可以帮你专注于自己的身体吗？
- 你的仪式是否支持你观察想法（见第 5 章）和照顾情绪（见第 6 章）？
- 你的仪式中有什么你想改变的吗？仪式有新鲜感吗？你的仪式可以在你发展新的身体、心理或情感技能时为你提供支持吗？
- 你的仪式有乐趣或欢乐的元素吗？
- 仪式结束时，你的身体、思想和内心感觉如何？

给自己一份正念的礼物

在你的职业生涯中，你将希望不断花时间来完善身体准备的各个方面。在下一个比赛周期中，请把你友善和好奇的关注集中在完善影响你表现和准备工作的因素上。也许有些方面你知道什么是最适合自己的，而其他方面则可以稍稍调整。也许有些事情你想钻研，或者跟你的教练、体能训练师或营养师说。利用每个训练和比赛周期来学习什么对你有用、什么对你没有用。认识到事情会随着时间的推移而改变，有时候，尽管你尽了最大的努力，但事情并没有按计划发展，因此你需要适应。如果此时此刻，对所有这些准备工作的关注让你感到压力（从活力银行账户取款），那就不要想太多。请记住，最重要的是在活力银行账户中保持正余额。

第5章
在比赛中找到自我

想得太多会让我"退出"比赛，会让我忘记如何处理自己的身体。

——朱莉娅·曼库索（Julia Mancuso），2014 年奥运会高山滑雪女子全能项目铜牌获得者

作为运动员，我们经常被随机的想法分散注意力——刚刚和最好的朋友或室友发生争吵、历史期末考试、工作截止日期、最后一场比赛、分数、队友的评论、父母的情绪爆发，或者教练失望的摇头。现在你已经学会了把注意力放置在宁静之地，能够注意到你的思维何时何地跑偏了。在正念练习中，或者在运动训练或比赛中，当你意识到你的注意力已经游移，你可以通过把你友善和好奇的关注带到呼吸、身体感觉，或者赛场里的景象和声音来专注于当下。

基本概念：观察想法

安德烈·阿加西在他的《上场：阿加西自传》一书中提供了一个在比赛中走神的真实案例。他描述了在 1995 年温布尔登网球锦标赛半决赛中对阵鲍里斯·贝克尔的情况。

我觉得有什么东西卡住了。不是我的臀部——而是大脑。我突然无法控制自己的想法。我在想皮特·桑普拉斯（Pete Sampras）正在等我。我在想我的姐姐丽塔（Rita），想她的丈夫潘乔（Pancho）刚刚因为胃癌去世，想贝克尔，想布鲁克（Brooke）……所有这些想法都在我脑海中闪过，让我感到分散、破碎。这让贝克尔抓住了机会，连赢四盘。（Agassi，2009，208）

随着时间的推移，通过正念，你可以学会如何在比赛中利用自然停顿来重新集中注意力。例如，许多网球运动员利用发球前的瞬间来呼吸、拍球，将注意力完全带回当下，专注于身体感觉、节奏以及拍球与接球时的声音。足球运动员可以利用掷界外球、点球和开球的间隙来短暂停顿、呼吸、检查自己，并借机观察场地以记住队友和对手的位置，从而将他们的注意力完全集中到此时此地。菲尔·杰克逊，NBA 冠军球员兼教练，深知关注当下的重要性。

但是球员们真正需要的是一种可以平息他们内心的躁动并把注意力集中到赢得篮

球比赛上的方法……（正念）是一种切实可行的方法和手段，可以让不安的头脑平静下来，把注意力集中在当下发生的任何事情上。这对篮球运动员来说非常有用，他们经常需要在巨大的压力下，在极短时间内做出决策。（Jackson，2014，17～18）

练习：观察想法

在本练习中，你将学会如何观察自己的想法。

当我们陷入沉思时，正念可以帮助我们注意到这一点并把注意力带回到当下，也可以帮助我们把友善和好奇的关注带到我们的思维习惯上，这些都很有帮助。我最喜欢的方法之一就是在宁静之地简单地休息，然后像观看游行队伍一般，静静地观察自己的想法一个个飘过。

通过练习，你可以注意到想法的变化，有些想法很细微、很羞怯，另一些想法却丰富多彩、充满活力。

首先，在宁静之地休息，当你准备好了的时候，轻轻地带着你友善和好奇的关注去看想法如游行队伍一般一个个飘过。每当你意识到自己已经陷入其中，成为游行队伍的一部分时，把注意力放在呼吸上，重新回到人行道上站立。接着，当你安全地站到了路边，注意力已经稳定下来，你就可以重新开始观察这些想法了。

练习：吹泡泡

另一种有助于观察想法的练习是吹泡泡。如果你有所怀疑的话，你要知道我已经和包括强悍的高中进攻锋线队员在内的许多运动员分享了这种做法，他们都认为这很有用。所以，如果你想试，就买个泡泡机，打开它，静静地吹一会儿泡泡。或者，如果你没有泡泡机，你可以简单地想象你正在吹泡泡，然后问自己以下问题。

这些泡泡会发生什么？

它们飘忽不定，它们纹丝不动，它们忽然爆裂。

它们都爆裂了吗？

最终都爆裂了。

它们大小一样吗？

不，有些比较小，有些比较大。

它们是以同样的速度运动的吗？

不，有些快，有些慢。

这些泡泡像不像在我们头脑中发生的事情？（提示：你把卡通人物头上的东西叫作

什么？）

<u>是的。这是一个想法泡泡。</u>

想法和泡泡有何相似之处？

你所有的想法最终都突然爆裂并消失了吗？

你偶尔会有连串的想法吗？

利用这种观看游行或观看气泡的比喻，你可能会开始注意到自己思考的方式，以及想法是如何与情绪和身体感觉联系在一起的。在一场大赛之前，或者在一次艰苦的训练、惨痛的失利或重大的胜利之后（尤其是你可能因此变得骄傲自大时），观察你此时此刻的想法会有很大帮助。博比·琼斯（Bobby Jones，美国业余高尔夫球员、职业律师）说："竞技运动主要在两耳之间那十几厘米长）的'球场'上进行，也就是在你的大脑里。"他对竞技运动的这种理解可能有助于解释为什么他是有史以来最成功的业余高尔夫球手，经常击败职业选手。在练习观察想法时，你可以问自己更多的问题。

你对训练或比赛有什么想法？

你认为自己表现得怎么样？

你认为队伍表现得怎么样？

你对即将到来的比赛有什么想法？

你不需要相信这些想法，不需要把它们视为针对你的，也不需要为之付诸行动，这些你还记得吗？

现在，你能将这些想法抛于脑后吗？可以把你的注意力带到此时此刻，注意你的呼吸、空气中的寒意、渐落的夕阳吗？

下面这个一群五年级的篮球运动员进行观察想法练习的例子也许会帮助你理解正念训练对不同年龄和技术水平的运动员的实用性。

一天早上，当在一个大多数男孩都对正念抱有怀疑态度的班里做观察想法练习的时候，男孩们注意到他们想得最多的是那天下午打的篮球比赛。他们输掉了上一场，现在他们面对的是一支他们认为比自己要强的球队。他们中的许多人担心会输球、担心表现不佳、担心会让队友失望，他们想赢。

在我们之前的课程中，有一个特别的男孩，他不像其他五年级的男孩那样积极参与，而是一直努力表现得"酷""有趣"（也就是我们说的"不懂礼貌"）。我问他："如果你在考虑输赢，那你的心思真的放在比赛上吗？真的在此时此地所发生的事情上吗？"他目瞪口呆。现在他"身在其中"，正念与他相关。告诉全班同学，职业篮球史上最成功的两支球队——洛杉矶湖人队和芝加哥公牛队，都曾运用正念技巧将注意力带入当前的比赛——球、篮筐、队友和对手，可能会对学生们有所启发。

活动：九点谜题

现在你找到了观察想法的感觉，你就可以把这种技能应用到解谜上了。先花点时间调整自己的呼吸，在宁静之地休息。

当你准备好了，给自己五分钟来尝试解决这个难题。当你试图解决这个难题时，注意自己想法上的变化，注意你是如何跟自己对话的。

九点谜题

下面是排列有序的九个点。通过画四条直线来连接所有的点，在画完之前不要把你的铅笔从纸上抬起来，也不要在任何线上重复。线可能会交叉。

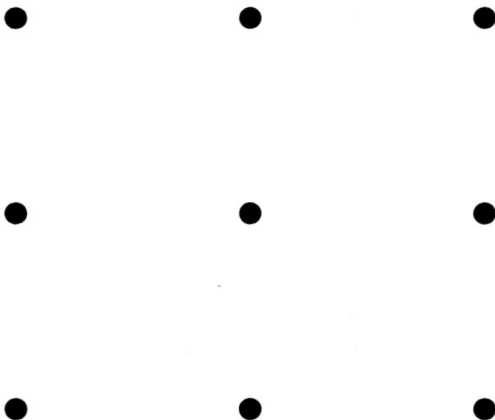

●　　　　　　●　　　　　　●

●　　　　　　●　　　　　　●

●　　　　　　●　　　　　　●

在你看答案之前（在附录中），花点时间写下你的体验。当你试图解决这个难题时，你对自己说了什么？回答没有对错之分，对自己真实一点即可。

　　这里是一些其他运动员在试图解决这个难题时大声或默默地对自己说的话："这题目太蠢了。""我做不到。""我会做出来。""我擅长数学和解谜。""我明白了！""我想上网搜索一下答案。""这和棒球有什么关系？""我喜欢这种类型的游戏。""我很蠢。""我放弃了。"

　　既然你知道别人说了什么，那你对之前写的内容有什么要补充的吗？回想一下解题的过程，然后花点时间补充三句在解题过程中你对自己说过的话。同样，回答没有对错之分。记住，这项练习对了解你的思维模式和习惯非常有用。

　　现在看看你写的内容，圈出最贴切的答案。

　　当面临困难和挑战时，比如完成较难的家庭作业、参加考试、从事有挑战性的项目或学习新的运动技能等，你会和自己说同样的话。　是这样　不是这样　有时候这样

　　你对自己说的话大多是友善的还是不友善的？

　　这些话对你有帮助还是令你沮丧？

　　这些话是真的还是假的？

　　当你尝试新的挑战的时候，你通常会想做什么？

　　放弃　　继续努力　　作弊　　寻求帮助　　其他：＿＿＿＿＿＿＿＿＿＿

　　你要对自己说些什么才会更友善、更有帮助呢？

　　如果你解决了这个难题（"赢了"），这次经历带来了什么想法和感受？如果你还没有解决这个难题，这里有些提示：这个题实际上有多种解法。最常见的解法从每个角落开始。所有的解决方案都需要你跳出九个点围成的框架。再给自己五分钟来试一试。看看你能否对自己友善一些，鼓励自己。如果你已经放弃了或者不能鼓励自己了，在这一刻，请尽你所能地以善意和好奇心去体验放弃和不友善的感受。

　　好了，到此为止。答案在附录中，在你开始寻找之前，请知道这个练习不是为了得到正确答案；它是为了引起你的友善和好奇的关注（是的，这句话会一遍又一遍地重复，直到你发自内心地记住它）。因此，当你看到这个难题的解决方案时，尽你最

大的努力，带着友善和好奇去注意你的想法和感受。

反思：跳出框架思考

解决九点谜题需要跳出框架去思考。带着友善和好奇，思考一下你把自己放入了什么样的"盒子"（前文所说的"框架"），周围的其他人把你放入了什么样的"盒子"？

你会把自己放在什么样的"盒子"里呢？一些常见的"盒子"如：我不擅长点球、我很擅长罚球、我数学很差、我是个新手、我只能成为替补、我年龄太小了以至于不适合参加这种比赛。

写下三个你认为自己身在其中的"盒子"。

_____

_____

_____

现在想一想这些"盒子"对你是否有帮助，是否真实、合适。这些"盒子"是你压力的来源吗？圈一个答案。　　　　　　　　　是的　　不是　　算是吧

我们把自己放进许多"盒子"里会给自己带来压力。你会很容易发现，把自己放进消极或不友善的"盒子"里，如"我不擅长点球"时，是如何产生压力的。不容易发现的是，把自己放进积极的"盒子"里时也会产生压力。如果你所在的"盒子"是"我是我们队的'启动机'"，那么当你无法"启动"的时候会发生什么呢？

"盒子"可以很有用并具备一定的功能，但是它们永远无法"讲述"整个故事。如果你有在关键时刻"窒息"的经历，你可以接受过去，并在这个新的时间节点去发展新的技能。过去发生的"窒息"不是永久不灭的——也不能代表你是谁，或定义你。我们所有人都是远远超越这些"盒子"的存在。因此，觉察到"盒子"是有帮助的，与此同时我们又不应该把它们看得太重或者让它们定义我们。

斯蒂芬·库里的故事是关于一位运动员不让别人的思想泡泡和局限性定义他自己的最鼓舞人心的故事之一。在他的职业生涯中，库里跳出了很多思维定式和"盒子"——不够高、不够有运动天赋、骨瘦如柴、来自戴维森学院、最好的结果也就是第六人（篮球运动中指替补球员）、有慢性脚踝损伤、经历过多次手术、总在关键时刻失误、应该用他来交换克里斯·保罗（Chris Paul）——就是这样一个人成了 2015 年和 2016 年 NBA 的 MVP（Thompson, M. 2015）。

活动：一个挑战

这是一个新的具有挑战性的练习……当你阅读到"这是一个新的具有挑战性的练习"这句话时，你有什么样的感觉和想法？你是否会出现这样的想法——"我们开始吧""我现在没心情""你在开玩笑吗"。兴奋？紧张？你只需注意到这些想法和感觉即可，而不要去判断它们的是非好坏。

好，现在开始挑战。拿五个回形针和一部手机或一只秒表，将其分开放在桌子上。开始之前，请进行 10 次深呼吸。接下来自己计时，只用惯用手——写字的那只手，将五个回形针首尾相连成一条链。大多数精英运动员可以在 30 秒内完成这项任务。

你对自己说了什么？无论是心声还是大声说出的话，都请写下来。

_____

_____

你当时的想法是友善的还是不友善的？有帮助的还是没用的？

在训练和比赛时，你是否有类似的想法？当你做作业、参加考试、做项目或与你感兴趣的人交流时呢？

基本概念：不友善的想法

如果你的内部对话中的一些或很多是不友善、无益和不真实的，你要知道并不是仅有你一人如此。大多数人都有这种消极的内心想法和一次次的自我批评。我们称之为"不友善的想法"。正如作家格雷丝·利希滕斯坦（Grace Lichtenstein）所写，不友善的想法是我们真正的对手："归根到底，你真正的对手永远不会是球网对面的球员、旁边泳道的游泳者或场地另一侧的球队，也不会是那个你需要越过的横杆。你的对手就是你自己，你脑海中那些负面的声音。"

运动心理学家基思·考夫曼（Keith Kaufman）对正念在运动中的益处进行了多项研究。他的研究结果是支持这本书的首要前提，即通过练习，你可以学会观察不友善的想法，但无须相信它们，不要让它们针对你自己或阻止你充分表达自己的禀赋。

运动员可以学习在比赛中意识到自己的思想正在向着有局限性的方向游移（例如，"我无法保持这一配速"），但通过正念将这些经验标记为仅仅是想法（而不是事实），让这些想法顺其自然，并把注意力重新安放在当下的锚点，如呼吸。通过这个过程，运动员可以摆脱这些对他们不必要的、带来自我局限的判断和评价。（Kaufman，Glass and Pineau，2016，160）

用你自己的话描述一下，练习简单地注意到你的想法而不去相信它们或让它们针对你自己，这种做法在训练和比赛中对你有怎样的帮助。

_____

_____

_____

活动：比较

现在，如果我告诉你大多数精英运动员是在 3 分钟而不是 30 秒内成功连接回形针的，你有什么想法？

_____

_____

_____

在训练和比赛中，当你把自己与他人进行比较时，会出现什么样的思维方式和感觉？

_____

_____

_____

你觉得这些思维方式和感觉能帮助你达到最佳状态吗？如果可以的话，怎么做到的？

_____

_____

_____

如果不可以，为什么？

_____

_____

_____

正如回形针活动和你对上述问题的回答，当我们将自己与他人进行比较时，我们的表现可能会受到影响。芝加哥公牛队、洛杉矶湖人队、纽约尼克斯队和其他精英运动员的正念教练乔治·芒福德写道："（很多运动员）天赋异禀，但他们不相信这一点，最后的结果是退役，就是因为他们的自我批评把他们推进了思想的深渊，以至于他们无法表现自身的才能"（Mumford，2015，178）。我们将在第 9 章"错误、自我同情和意图"中再次探讨这种比较的习惯。

教练须知

回形针活动可以在团队中进行。你可以将运动员分成两个或多个队。让每个队的队员并排站立。指示每行中的所有运动员将回形针放在非优势手中。然后让各队相互竞赛，让运动员仅使用非优势手将回形针首尾相连成链。首先，每队的第一名和第二名运动员仅使用他们的非优势手来连接彼此的回形针。一旦头两个回形针首尾相连，第二名运动员将转向第三名运动员连接回形针，依此类推，直到所有运动员都已连接了回形针，队中的所有回形针首尾相连，回形针链便完成。这项活动往往会引发队员们产生训练和比赛期间针对自己和彼此的各种想法和评论。

活动： 积极扫描和神奇比例

大多数人，尤其是那些迫切想要提升运动表现的运动员习惯于进行消极扫描。我们通常会去反思，反思我们在训练、比赛、生活中"做错了什么"以及我们怎么做才能"更好一些"，尽管这种反思有其价值，但对许多竞争激烈的运动项目而言，这种反思可能会弄巧成拙，将运动员推向自我否定的深渊。

因此，一个可能的解决途径是同时采用积极扫描，也就是说，寻找并肯定你做得好的方面。研究表明，当积极互动和消极互动的比例为 5∶1 时，人际关系、职场关系等会达到最佳状态，这就是那个神奇比例（Gottman，1994；Losada，1999；Losada and Heaphy，2004）。积极扫描与消极扫描也要努力保持这一比例。在每次训练或比赛之后，至少要感谢并赞赏自身做得好的五件事。

可以使用下面的工作表来建立积极扫描的习惯。最后，感谢你的努力，感谢你对队伍的支持，感谢你愿意接受教练的指导并完善这些特定的技巧和技能。在这个练习中，你可以选择完全忽略那些不友善的想法，忽略反思和消极扫描。

积极扫描：哪些方面我做得很好

星期一

1.＿＿＿＿＿＿＿＿＿＿＿＿＿＿＿＿＿＿＿＿＿＿＿＿＿＿＿＿＿＿＿＿＿＿

2.＿＿＿＿＿＿＿＿＿＿＿＿＿＿＿＿＿＿＿＿＿＿＿＿＿＿＿＿＿＿＿＿＿＿

3.＿＿＿＿＿＿＿＿＿＿＿＿＿＿＿＿＿＿＿＿＿＿＿＿＿＿＿＿＿＿＿＿＿＿

4.＿＿＿＿＿＿＿＿＿＿＿＿＿＿＿＿＿＿＿＿＿＿＿＿＿＿＿＿＿＿＿＿＿＿

5.＿＿＿＿＿＿＿＿＿＿＿＿＿＿＿＿＿＿＿＿＿＿＿＿＿＿＿＿＿＿＿＿＿＿

星期二

1.＿＿＿＿＿＿＿＿＿＿＿＿＿＿＿＿＿＿＿＿＿＿＿＿＿＿＿＿＿＿＿＿＿＿

2.＿＿＿＿＿＿＿＿＿＿＿＿＿＿＿＿＿＿＿＿＿＿＿＿＿＿＿＿＿＿＿＿＿＿

3.＿＿＿＿＿＿＿＿＿＿＿＿＿＿＿＿＿＿＿＿＿＿＿＿＿＿＿＿＿＿＿＿＿＿

4.＿＿＿＿＿＿＿＿＿＿＿＿＿＿＿＿＿＿＿＿＿＿＿＿＿＿＿＿＿＿＿＿＿＿

5.＿＿＿＿＿＿＿＿＿＿＿＿＿＿＿＿＿＿＿＿＿＿＿＿＿＿＿＿＿＿＿＿＿＿

星期三

1.＿＿＿＿＿＿＿＿＿＿＿＿＿＿＿＿＿＿＿＿＿＿＿＿＿＿＿＿＿＿＿＿＿＿

2.＿＿＿＿＿＿＿＿＿＿＿＿＿＿＿＿＿＿＿＿＿＿＿＿＿＿＿＿＿＿＿＿＿＿

3.＿＿＿＿＿＿＿＿＿＿＿＿＿＿＿＿＿＿＿＿＿＿＿＿＿＿＿＿＿＿＿＿＿＿

4.＿＿＿＿＿＿＿＿＿＿＿＿＿＿＿＿＿＿＿＿＿＿＿＿＿＿＿＿＿＿＿＿＿＿

5.＿＿＿＿＿＿＿＿＿＿＿＿＿＿＿＿＿＿＿＿＿＿＿＿＿＿＿＿＿＿＿＿＿＿

星期四

1.＿＿＿＿＿＿＿＿＿＿＿＿＿＿＿＿＿＿＿＿＿＿＿＿＿＿＿＿＿＿＿＿＿＿

2.＿＿＿＿＿＿＿＿＿＿＿＿＿＿＿＿＿＿＿＿＿＿＿＿＿＿＿＿＿＿＿＿＿＿

3.＿＿＿＿＿＿＿＿＿＿＿＿＿＿＿＿＿＿＿＿＿＿＿＿＿＿＿＿＿＿＿＿＿＿

4.＿＿＿＿＿＿＿＿＿＿＿＿＿＿＿＿＿＿＿＿＿＿＿＿＿＿＿＿＿＿＿＿＿＿

5.＿＿＿＿＿＿＿＿＿＿＿＿＿＿＿＿＿＿＿＿＿＿＿＿＿＿＿＿＿＿＿＿＿＿

星期五

1.＿＿＿＿＿＿＿＿＿＿＿＿＿＿＿＿＿＿＿＿＿＿＿＿＿＿＿＿＿

2.＿＿＿＿＿＿＿＿＿＿＿＿＿＿＿＿＿＿＿＿＿＿＿＿＿＿＿＿＿

3.＿＿＿＿＿＿＿＿＿＿＿＿＿＿＿＿＿＿＿＿＿＿＿＿＿＿＿＿＿

4.＿＿＿＿＿＿＿＿＿＿＿＿＿＿＿＿＿＿＿＿＿＿＿＿＿＿＿＿＿

5.＿＿＿＿＿＿＿＿＿＿＿＿＿＿＿＿＿＿＿＿＿＿＿＿＿＿＿＿＿

星期六

1.＿＿＿＿＿＿＿＿＿＿＿＿＿＿＿＿＿＿＿＿＿＿＿＿＿＿＿＿＿

2.＿＿＿＿＿＿＿＿＿＿＿＿＿＿＿＿＿＿＿＿＿＿＿＿＿＿＿＿＿

3.＿＿＿＿＿＿＿＿＿＿＿＿＿＿＿＿＿＿＿＿＿＿＿＿＿＿＿＿＿

4.＿＿＿＿＿＿＿＿＿＿＿＿＿＿＿＿＿＿＿＿＿＿＿＿＿＿＿＿＿

5.＿＿＿＿＿＿＿＿＿＿＿＿＿＿＿＿＿＿＿＿＿＿＿＿＿＿＿＿＿

星期日

1.＿＿＿＿＿＿＿＿＿＿＿＿＿＿＿＿＿＿＿＿＿＿＿＿＿＿＿＿＿

2.＿＿＿＿＿＿＿＿＿＿＿＿＿＿＿＿＿＿＿＿＿＿＿＿＿＿＿＿＿

3.＿＿＿＿＿＿＿＿＿＿＿＿＿＿＿＿＿＿＿＿＿＿＿＿＿＿＿＿＿

4.＿＿＿＿＿＿＿＿＿＿＿＿＿＿＿＿＿＿＿＿＿＿＿＿＿＿＿＿＿

5.＿＿＿＿＿＿＿＿＿＿＿＿＿＿＿＿＿＿＿＿＿＿＿＿＿＿＿＿＿

活动：积极的内在指导

蒂莫西·加尔韦在《心态制胜：超越评判、释放潜能的内心秘诀》中写道："'你又把球拍翻了过来'，可以说是对自己的尖锐批评或对事实的客观描述，具体取决于当时的语调。'盯球'或'移动脚'可以是对身体的鼓励也可以是对其过去表现的轻微谴责"（Gallwey，2008，17）。加尔韦描述的这种尖锐的自我批评和贬低性的谴责体现了不友善想法下内在对话的严酷。列出五种不友善想法。如果现在什么都没想到，那就更好了——好好享受现在的状态。 如果想到了一些，可以把它们记下来，这样当在脑海中听到它们时，你就会意识到它们是一些不友善想法，不必相信或认真对待。

1.＿＿＿＿＿＿＿＿＿＿＿＿＿＿＿＿＿＿＿＿＿＿＿＿＿＿＿＿＿＿＿＿

2.＿＿＿＿＿＿＿＿＿＿＿＿＿＿＿＿＿＿＿＿＿＿＿＿＿＿＿＿＿＿＿＿

3.＿＿＿＿＿＿＿＿＿＿＿＿＿＿＿＿＿＿＿＿＿＿＿＿＿＿＿＿＿＿＿＿

4.＿＿＿＿＿＿＿＿＿＿＿＿＿＿＿＿＿＿＿＿＿＿＿＿＿＿＿＿＿＿＿＿

5.＿＿＿＿＿＿＿＿＿＿＿＿＿＿＿＿＿＿＿＿＿＿＿＿＿＿＿＿＿＿＿＿

下面列出了一些不友善想法。

你愚蠢　　　　　你做不到　　　　　他优秀一些

我很弱　　　又来?　　　我们要输了　　我是大胖子

我又搞砸了　　我很绝望　　　我很慢　　　我糟透了

我总是替补　　　　我总是感到窒息

现在，列出你在难过时可以对自己说的五句有帮助的话。这是一个积极的自我开导的练习。如果你不知道该写什么，可以想一下当你情绪低落或比赛失利时你的朋友或队友对你说过什么。

1.＿＿＿＿＿＿＿＿＿＿＿＿＿＿＿＿＿＿＿＿＿＿＿＿＿＿＿＿＿＿＿＿

2.＿＿＿＿＿＿＿＿＿＿＿＿＿＿＿＿＿＿＿＿＿＿＿＿＿＿＿＿＿＿＿＿

3.＿＿＿＿＿＿＿＿＿＿＿＿＿＿＿＿＿＿＿＿＿＿＿＿＿＿＿＿＿＿＿＿

4.＿＿＿＿＿＿＿＿＿＿＿＿＿＿＿＿＿＿＿＿＿＿＿＿＿＿＿＿＿＿＿＿

5.＿＿＿＿＿＿＿＿＿＿＿＿＿＿＿＿＿＿＿＿＿＿＿＿＿＿＿＿＿＿＿＿

下面列出了一些友善想法。

简单、小意思

好多了

再试一次　　　你做到了　　　好球　　就是这样，没错

姑娘，你可以的　　　漂亮　深呼吸　你做得很好

像平时训练那样就好　　你会得到下一次机会

基本概念： 不做判断的觉察

积极扫描是摒弃永无止境的自我批评的关键。然而归根结底，减少不友善想法的关键是保持自己的友善和好奇心（这也是保持流畅状态的基本要素），也称为"不做判断的觉察"，你可以简单观察自身的表现，不要去判断它的好坏、对错、与之前相比如何。我们已经使用"身体扫描"（见第3章）和"观察想法"（见第5章）练习了这种友善和好奇的觉察。这种简单的、开放的觉察将使你能够感觉到自己在客观状态上的调整，进而优化自身表现。而且，正如《通往卓越之路：像冠军一样思考、感受和行动》的作者吉姆·阿夫雷莫解释的那样，它绕过了常见的不良心理习惯，例如多虑、反思、攀比、永无止境的自我批评和不符合客观条件的努力等。

批评性的内部评论会让你难以发挥出真实水平，总感觉自己差一丝火候。在运动场上始终保持运动，不要尝试去扮演类似于教练、父母、旁观者、失败者的角色。将所有精力都放在执行而非自我分析上，才能保持运动员模式。（Afremow，2013，77）

如果你不确定如何养成这种不做判断的觉察，那么可以从友善和好奇心入手。问自己一些脑洞大开的问题。以下节选自蒂莫西·加尔韦的《心态制胜：超越评判、释放潜能的内在秘诀》，其中提供了网球运动员可能会问的关于正手击球的一些友善和好奇的问题。

在准备和击球瞬间，你的体重如何分配？击球过程中你的平衡会发生什么变化？……你的双脚在移动时会在球场上发出什么样的声音？当球向你飞来时，你会后退、前进还是保持不动？（Gallwey，2008，62）

一个好奇的问题就足够了！提出多个问题可能会引发过多的思考。一个简单问题

的妙处在于，它可以让你（的注意力）从你的头脑回到你的身体，然后你的身体自然可以进行直觉调整和修正。正如加尔韦执教的球员所说："我没有觉得我'反手'有问题，相反我只是开始观察，而这种改进好像是自然而然就发生的"（Gallwey，2008，24）。

给自己一份正念的礼物

在接下来一周左右的时间内，可以进行下面的练习。

- 每天练习观察想法。
- 每当你发现在训练和比赛中迷失了自己时，请将注意力转移到当下，如呼吸、脚在地面上的感觉或皮肤周围的空气。
- 注意那些不友善的想法。
- 练习积极扫描和积极的内部指导。
- 当你陷入困境时，请问自己一个关于身体运动的简单问题；这将有助于你的注意力回到身体，并专注于当下。

第6章

照顾情绪

现实情况是，最佳的竞技表现往往伴随着强烈且不舒服的（有时被错误地判定为"消极的"）内心体验，而任何认为最佳表现需要消除这些体验的说法都是错误的，并且有实证（研究）和轶事（个人）加以证实。

——泽拉·穆尔（Zella Moore），运动心理学家，正念研究人员

在上一章中，我们练习了带着友善和好奇去关注训练和比赛中的想法。在本章中，你将对感觉或情绪进行同样的练习。众所周知，寻找流畅状态的关键是培养"拥有自己的感觉而不是感觉拥有你"的能力。这是什么意思？"拥有自己的感觉"意味着你能够意识到自己当下的情绪。"而不是感觉拥有你"意味着你的情绪不会对你的表现产生负面影响，不会去操控你的行为，不会让你说出或做出一些让自己后悔的话或事情。

基本概念：感到焦虑是正常的

比赛前感到紧张、大胜后会高兴、严重失利后会伤心欲绝，这些都是再正常不过的事。通过练习，你可以学会在宁静之地休息，并观察这些情绪的波动起伏。你可以学会识别出比赛前的心跳加速和紧张不安其实是身体准备就绪的信号。你既可以享受胜利后的喜悦，也可以坦然接受失败后的低落，因为你知道这两者都是暂时的。

这并不意味着当你不平静或状态不佳时去假装自己很平静或很好。相反，建议你以友善和好奇去接纳竞争带来的强烈情绪体验，并学会以内心宁静的状态去观察它们。正念导师佩玛·丘卓（Pema Chödrön）邀请我们探索这种与情绪共处的方法。

训练勇士的核心问题，并非如何避免不确定性和恐惧，而是如何与这种不适感共处。在日常训练中，我们如何面对困难、情绪激动和难以预测的挑战？（Chödrön，2002，7）

大多数焦虑是源于担心未来、源于我们想象自己的训练、选拔和比赛走向时的不切实际的幻想或噩梦般的设想。大多数的抑郁情绪与对过去事件的消极回顾有关。因此，当你被强烈的情绪所淹没时，深呼吸，感觉自己的双脚在地面上，回到当下这一

刻，允许这些情绪的存在，无须尝试改变、修复或摆脱它们。

有一次，当我为年轻人和家长教授入门课程时，一位妈妈举起手说："我是一个容易焦虑的人，我的孩子也很焦虑，我们正在被严重的焦虑所困扰……"随着她一直这样说，房间里的每个人都开始感到越来越焦虑。当她停下来时，我仅仅说了句："你知道感到焦虑是正常现象，对吗？"

当我说出这句话时，房间里的焦虑慢慢消失了。那个女人和她的孩子明显放松了下来。她们此时明白了感到焦虑是正常的，可以用友善和好奇去接受自己焦虑的情绪。在她生活中的某个时候，她可能被人告知或自己觉得她和她的孩子不应该焦虑，她们需要为此做些什么、改变些什么或弥补些什么。从那一刻起，她就陷入了因自己的焦虑情绪而产生的焦虑之中。我的问题揭示了一种保持处于宁静之地的可能性，就是观察焦虑并让它存在，而不要去抵制它或认为什么地方做错了——简而言之，就是意识到自己感到焦虑而不让焦虑控制自己。

不仅焦虑是可以被接纳的，压力、抑郁、激动、嫉妒、狂喜和愤怒等也都是可以的。参考一下职业自行车手安德鲁·塔兰斯基（Andrew Talansky）在环法自行车赛时谈到对恐惧的看法。

我开始接纳恐惧。你可能不常听到运动员说这句话，但其实我们内心都感到害怕。如果你没有感到恐惧，那么你就没有在比赛中将自己逼到极限。我已经意识到恐惧永远不会消失。恐惧失败、担心未实现的目标、害怕将自己全都奉献给某件事后其结果仍然不尽如人意，这可能是我最大的恐惧。

我开始意识到，那些恐惧并不需要消失，也不需要被屏蔽。（Talansky，2016）

练习：照顾情绪

这个练习要求你以友善和好奇的态度关注自己的感觉或情绪。像往常一样，在一个舒适的位置坐着或躺着……进行腹式呼吸……并在宁静之地休息。

当你准备好时，只要注意当下存在的情绪就可以了。有时，给一种或多种情绪命名会对你有所帮助。有些感受可能具有普通的名称，例如生气、快乐、悲伤或激动等，而另一些情绪可能具有不同寻常的名称，例如暴风般的、炽热的、充满能量的或空虚的。记住，情绪可能是细小而微妙的，可能是隐秘的，也可能是强烈且明显的，情绪会随着时间的流逝而变化，并且会有多个层次。

一旦把你友善和好奇的关注带到某一种特定的情绪上，并且你已经给它命名，注意这种情绪在你身体存在的部位：待在你的胸部，在你的肚子里移动，还是在你头脑里跳动……同时注意情绪在你身体里的感觉。它给你的感觉是微弱的？沉重的？强烈的？温暖的？尖锐的？轻盈的？柔和的？顺滑的？明显的？凉爽的？它是在移动的，还是静止的？……

如果这些问题中的任何一个使你开始思考而不是体验，请深呼吸并回到与情绪共存的状态。

现在，请留意这种情绪是一种颜色的，还是多种颜色的，是深红色的、浅蓝色的，还是亮绿色的……如果没有颜色，那也无妨。

再聆听一下情绪是否有声音，例如咯咯笑、呻吟、哭泣或哀鸣……如果没有声音，也不用担心。

结束练习时，请注意你的感受，并为自己抽出宝贵的时间与自己的情绪相处并与之成为朋友而表扬一下自己。然后，将注意力转移到呼吸上，并在宁静之地停留一会儿。

记住，无论何时你都可以根据需要在宁静之地休息、以友善的方式对待你的情绪。

当你准备好的时候，根据自己的节奏缓慢地做三次深呼吸……睁开你的眼睛，进入下一瞬间。

反思：友善地对待你的情绪是什么感觉

现在花一些时间来回顾你在照顾情绪练习中的经历。

你当时有什么感觉或情绪？

_____

你在身体的哪些部位感受到了这些情绪？

_____

这些情绪感觉怎样？紧实的？不稳定的？……

_____

情绪有颜色吗？

_____

情绪有声音吗？

_____

活动：拥有自己的情绪，而不是让情绪占有你

你刚刚练习了照顾自己的情绪。学会拥有自己的情绪，而不是让情绪占有你，其中蕴含着巨大力量。NBA 冠军球员兼教练菲尔·杰克逊写道："在我看来，成为一名成功的

NBA 球员的关键不是学会那些精彩酷炫的动作，而是学会控制情绪并专注于比赛……学会如何在压力下保持冷静，在惨败或狂胜后保持沉着平和"（Jackson，2014，281）。

你能回想起最近这段时间你的情绪占有你的经历吗？当时你感觉到了什么？发生了什么？

_____

_____

_____

_____

现在回想起来，在这种状况下，友善地对待自己的情绪会有什么帮助？

_____

_____

_____

_____

_____

反思：处理情绪

每个人在处理自己的情绪方面大多有自己常用的方式，即潜意识的习惯。没有正念时，大多数人往往生活在忽略（压抑）情绪和被它们淹没（控制）这两个极端之间。花点时间想一想，你通常会对强烈的情绪做什么。

对于那些通常会忽略和压抑自己情绪的人来说，照顾情绪练习可以帮助他们以友善和好奇的态度对待自己的情绪，从而使他们在对待情感上更加明智。对于那些容易被情绪淹没变得不知所措的人来说，在进行照顾情绪练习之前，花些时间真正地让自己进入宁静之地会很有帮助。通过练习，所有人都可以学会（至少在大多数情况下）拥有自己的情绪而不是被情绪占有。最终，这使我们能够找到流畅状态并达到最佳状态。

在一次采访中，一名记者试图让 MLB 球员肖恩·格林回答，当他表现不佳时为什么不丢掉头盔或做一些其他情绪宣泄的表现。格林的回应体现了拥有情绪而不是被情绪占有时的理念。

在比赛中迷失自己有什么好处呢？我可以为我的团队做的最好的事情就是做好每一次击球。生气和愤怒不会帮助我击球成功，集中精力却可以。这就是我所能做的一切。（Green，2011，131）

基本概念：自我调节

有一个众所周知的问题：你需要多久对小提琴进行一次调音才能保持其音准？即使你对音乐知之甚少，你也会知道小提琴家会在每次排练和演奏之前调好他们的小提琴。运动员也一样。一旦我们有意识地把注意力集中到我们的身体、思想和心灵上，并对我们的身体、精神和情绪的状态有所感觉，我们就可以轻柔地调整自己——做几次深呼吸，置身于宁静之地，或快速跳动几下，以恢复活力和专注。理想情况下，这些小小的调整是对我们当前状况的明智的主动反应，而不是对环境的无助的被动回应。我们将在第 7 章中探讨回应和反应之间的区别。到目前为止，我相信你可以感受到"我太紧张了，我要马上冷静下来"与"我觉察到自己很焦虑，我要缓慢地做几次深呼吸，然后只是观察这种焦虑情绪"这两种处理方式之间的不同。

基本概念：情绪理论——观察情绪起伏

在本部分中，你将学习一些有关情绪理论的知识，即情绪的科学原理和自然发展过程。结合照顾情绪练习，对情绪理论的理解将帮助你更加实时地察觉自己的情感，拥有自己的情绪而不是被情绪占有；最终，它将提高你在训练、比赛和生活中体验流畅（状态）的能力。

心理学家保罗·埃克曼（Paul Ekman，美国心理学家，主要研究脸部表情辨识、情绪与人际欺骗）研究了世界范围（从高度发达国家到没有互联网甚至没有电视的地区）的情绪表达，构建了一种科学的情绪框架，他称之为情绪理论。这一理论可以帮助我们更加留意自己的情绪。迄今为止，埃克曼博士已经发现，全人类共有 7 种普遍的情绪：幸福、恐惧、愤怒、悲伤、惊讶、蔑视和厌恶。更重要的，并与正念有关的是，他的研究揭示了每一种基本情绪都对应特定的面部表情和身体表现，也都有一个自然的发展进程。现在花点时间做以下每个面部表情。每做一个面部表情时，请注意你的感受。

睁大你的眼睛。抬起眉毛，张开下颌，嘴部张成 O 形。当你做出这个面部表情时，你有什么感觉？你注意到你的身体有什么变化吗？这表达了什么情绪？

运用面部肌肉，将嘴角向肩膀方向弯曲。你有什么感觉？你注意到你的身体有什么变化吗？这表达了什么情绪？

同样，运用面部肌肉，将嘴角向着眼睛方向弯曲。做这个面部表情时，你有什么感觉？你注意到你的身体有什么变化吗？这表达了什么情绪？

令人着迷的是，即使你做的是埃克曼博士所描述的面部表情的简化、不完整的版本，也可能感觉到体内的情绪。例如，当你做出与惊讶情绪对应的面部表情时，可能会感到有些惊讶。皱眉时，你可能会感到有点难过。在微笑时，你可能会感到幸福。与之前的照顾情绪练习以及本章后面的"活动：表现情绪"一样，本练习使你可以认识到一个基本的事实：你的情绪和身体感受紧密相连。

关于情绪的另一件有趣的事情是，当我们既不压抑也不放大它们时，它们通常会具有自己的自然发展进程或节奏。在日常生活中，你是否可以注意到情绪何时开始、何时达到高峰和何时结束？

埃克曼将情绪的自然发展进程简化地表示为波形或钟形曲线。这种图表表明，就像呼吸一样，情绪具有开始、中间（或高峰，也称为不应期）和结束阶段。

基本概念： 不应期

埃克曼博士使用不应期（Refractory Period）这一术语来定义一种情绪的高峰。

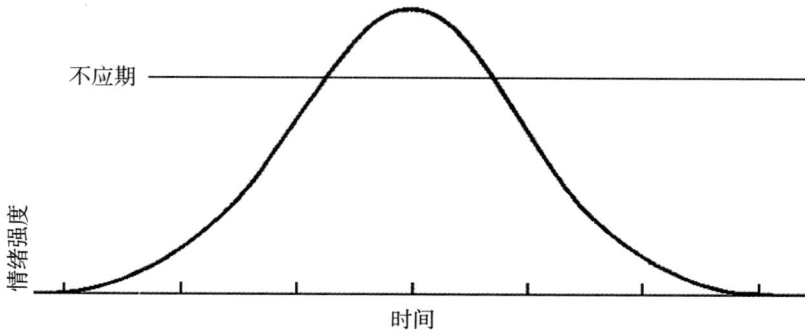

在不应期，情绪占据主导，我们无法清楚地思考。在这些时刻，我们受到大脑中的原始脑的控制，这部分称为蜥蜴脑或爬虫脑。发生这种情况时，我们处于战斗、逃跑或冻结模式。这意味着，就像蜥蜴一样，我们只能战斗、逃跑或呆若木鸡。我们无法运用完整的人类思维去选择我们的行为，无法做出主动反应而只能被动做出回应，无法重新回到正常状态。

　　用几分钟来描述一次你处于不应期时的情况。

_____

_____

_____

　　幸运的是，正念可以帮助我们注意到情绪的开始、不应期和情绪的结束。当我们觉察到自己被情绪控制，处于不应期时，我们只能做出最基本的选择——至少在某些时候——管住自己的舌头、走开或者只是继续坚持下去。

活动：观察自己的情绪波动

　　在描述正念如何帮助我们应对强烈的情绪时，我喜欢用观察波浪做类比。通常，强烈的情绪就像暴戾的巨浪一样淹没我们。正念是我们的早期预警系统。如果我们留意的话，我们可以看到情绪最初的涟漪。当我们注意到情绪的波澜变得越来越大时，我们可以选择移至更高的位置，以免波浪将我们卷走。芝加哥公牛队、洛杉矶湖人队、纽约尼克斯队和其他精英运动员的正念教练乔治·芒福德写过以下内容。

　　正念帮助我们……真正地理解，无论是什么样的情绪浪潮冲击着我们的"小船"，还是无论在我们的比赛过程中遭遇何种压力或挑战，我们都可以选择重新回到那个深处（宁静之地），并从刺激和反应之间的那个状态中采取行动（即选择我们的行为）。（Mumford，2015，80）

　　尽管情绪波动可能每天都有所不同，但每个人通常都拥有自己的情绪模式。了解以下内容也许对你有所帮助，事实上，大多数人的情绪时间线都没有上面埃克曼博士所绘的曲线那么平滑。当我让运动员为他们的愤怒绘制情绪时间线时，他们勇敢而诚实地绘制了如下图像。

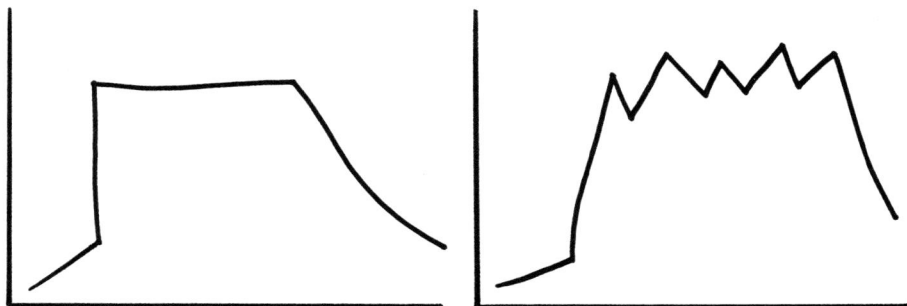

回忆一下你体验到以下基本情绪的时间，然后使用网格为每种情绪绘制你的情绪时间线。

愤怒										
						时间				

幸福										
						时间				

悲伤									
				时间					

恐惧									
				时间					

活动：表现情绪

　　了解自己大致的情绪模式非常有用。这些可以使你更早地识别出情绪，并在采取行动之前"移到更高的位置"或克服情绪波动。觉察到情绪波动的一个关键因素，是认识到不同情绪在你体内的不同感受。表现出一些基本的情绪将有助于你对此有所感受。即使你不愿意或不想进行此练习，也请尝试一下。找一个私人空间，也许是浴室、卧室或院子的一角，在这里你可以安静地进行此练习。由于愤怒情绪非常普遍并且经常造成（不良）后果，所以我们从愤怒开始。

花点时间平静下来，然后向前迈出一步，用你的身体和面部表现少量的愤怒——例如 25%。感受一下你的身体、思维和内心的感觉。

现在退后一步，保持平静。准备好后，再次向前走，用身体和面部表现出中等程度的愤怒——例如 50%。感受一下你的身体、思维和内心的感觉。

现在退后一步，保持平静。准备好后，再次向前走，用你的身体和面部表现出很强烈的愤怒——例如 75%，甚至可以添加声音或动作。感受一下你的身体、思维和内心的感觉。

当你表现出愤怒时，你的身体会有什么反应？详细描述你的腿、手臂、手、胸部和脸部的感觉。

_____

_____

_____

当你在情绪或肢体上表现得很愤怒时，你注意到你有什么想法？

_____

_____

你对愤怒这种情绪熟悉吗？圈出你的答案：　　　　　　熟悉　　不熟悉　　有点熟悉

愤怒出现的频率？圈出你的答案：　　　　　　　　　经常　　有时　　几乎没有

愤怒时你会感到尴尬或不适吗？圈出你的答案：　　会　　不会　　　　有时

当你退后一步，在宁静之地休息时，愤怒发生了什么变化？

圈出你的答案：它……加强？消失？改变？还是保持不变？

现在，再次进行这一练习，将愤怒降低到 5%，这只是很少的愤怒。了解只有很少的愤怒时自己身体的感觉，这有什么好处？这种好处与情绪波动和不应期有关吗？

知道自己开始感觉到愤怒是一个早期预警系统。当你在愤怒浪潮初起时注意到最初的身体感觉和想法，你就可以做出比在真正愤怒或陷入不应期时更好的选择。

思考一下如何注意到愤怒最初的状态，这可能会帮助你做出明智的选择。列出三个当你注意到愤怒开始时，几乎在任何情况下可以做出的有益选择。

1._____

2._____

3._____

如果愿意，你可以用同样的方法探索其他情绪，也许是悲伤、恐惧、嫉妒或兴奋。我强烈建议你通过表现尽可能多的快乐情绪来结束此活动。

活动：不愉快的事情

当我们经历不愉快的事情时（当事情无法顺利进行时），我们常常会体验到强烈的情绪波动。花一点时间回想最近几天发生的一件令人不愉快的事。那可能不是什么大不了的事，也可能是对你影响较大的事。当你想到这样一件事时，请填写在下一页。

只需几个简短的文字或图即可。在"思想泡泡"中记录在不愉快事情中出现的想法。在"情绪泡泡"中，记下在事情中出现的情绪。在"身体泡泡"中，记下在事情发生时身体的感觉和反应。

请记住，在填写泡泡时，考虑一下不愉快事情中的五种感觉——视觉、听觉、味觉、触觉和嗅觉，以及面部表情和身体感觉，这可能会对填写泡泡有所帮助。记住，注意到不愉快事情的发生，注意到自己开始变得烦躁（这个过程）会帮助你在陷入不应期之前做出明智的选择。

不愉快的事情

事情：_____

思想泡泡

情绪泡泡

身体泡泡

给自己一份正念的礼物

本章讲述的是以友善的方式对待自己的情绪以及让自己拥有情绪而不是被情绪占有。这些技能对于达到最佳表现和找到流畅状态是必不可少的。因此，在接下来的一周左右，请执行以下操作。

· 每天进行照顾情绪练习。

· 全天尽可能简单观察自己的情绪，觉察到：情绪浪潮的开始；处于不应期，且无法清晰地看到事物的原本状态；自己和他人的情绪波动。

· 在每天结束时，请使用以下不愉快事情日历记录不愉快事情及其对你的影响。你可能特别好奇这些事情和你的体会是否有同样主题或模式。

不愉快事情日历

日期： 发生了什么事情?	事情中出现了 什么想法?	事情中出现 了什么感觉 或情绪?	事情中你的身 体感觉如何?	现在当你写下这件 事的时候，你有什 么想法、情绪和身 体感觉?
星期一：				
星期二：				
星期三：				
星期四：				
星期五：				
星期六：				
星期日：				

第 7 章
反应而不是回应

生活中有 10% 是发生在我身上的事情，90% 是我对它做出的回应（或反应）。

——查尔斯·R. 斯温多尔（Charles R. Swindoll），作家和教育家

通过将友善和好奇的关注带到我们的身体、思想和情绪，我们可以收集内部信息，从而当我们在面对典型的运动和个人困难及挑战时能够做出主动反应（选择我们的行为）而不是被动回应（无意识地行动），这些困难和挑战包括：犯错，受伤，被裁减，或与队友、教练、朋友或家人发生摩擦。有能力做出反应而不是回应有诸多好处：它使我们陷入混乱或冲突的可能性最小化，使我们能够第一时间冷静地解决沮丧和冲突，它减少了我们说或做那些让我们后悔的话或事情的可能性。当我们确实说了或做了令我们后悔的话或事情时，它也可以帮助我们厘清后果。最终，使用这项技能将使我们有更多的时间、精力以及平稳的心境，让我们有能力达到最佳的表现和进入流畅状态。在本章中，正如下面的诗中所描述的那样，我们将用"坑"和"不同的街道"的比喻，使主动反应而不是被动回应成为现实。

基本概念："坑"和不同的"街道"

请慢慢地朗读两遍波希娅·纳尔逊（Portia Nelson）的诗句。请对阅读时出现的想法和情绪保持友善和好奇。

自传五短章

第 1 章

我走在街上

街边有一个很深的坑

我掉了进去

我迷失其中……我很绝望

这不能怪我……

似乎永远都找不到出口

第 2 章

我走在同一条街上

街边有一个很深的坑

我假装没有看到它

我仍然掉了进去

我不敢相信我又到了这个相同的地方

但是，这（依旧）不能怪我

我需要许久才能出去

第 3 章

我走在同一条街上

街边有一个很深的坑

我看见它在那儿

我仍然掉了进去，这似乎成了习惯……但是

我的眼睛是睁开的

我知道我在哪儿

这是我的错

我马上就能出去

第 4 章

我走在同一条街上

街边有一个很深的坑

我从坑旁路过

第 5 章

我走在另一条街上

现在问你自己：这个女诗人真的是在描述一个真实的有着深坑的街道吗？

不是的，她是在说每天碰到的困难和问题，特别是那些反复出现的挑战。

布兰迪·查斯顿（Brandi Chastain，美国职业足球运动员）在《与胸罩无关：在竞技体育中努力拼搏、公平竞争，找回乐趣》中描述了她因一时冲动而掉进一个"坑"的瞬间。

在一场比赛中，我尽我所能，但是努力并没有转化为得分。我们有优势，本来应该赢的，但没有。我的挫折感在一分一秒地增长，每一次丢球和失误都使我愤怒不已。有一次，一个对手抢断了我的球，然后……我一下子就越过了边缘。在一阵"运动狂怒"中……我追上她，用双脚从后面滑铲她的小腿。我得到了球，但也严重犯规。半秒后，哨子吹响了。裁判立即把黄牌举到我脸上，示意点球。根据那时的规则，这张牌意味着我必须退出比赛。（Chastain，2004，3）

从正念的角度来看，查斯顿对她过往经历的真实描述可能会帮助你了解如何在生活中运用本书中的练习。混用之前的两个比喻（情绪波浪和街道深坑），如果查斯顿曾经学过正念技术，她就有能力更清楚地觉察到愤怒和沮丧的浪潮正在累积，并有能力选择一条不同的"街道"。如果你是她的队友，并且注意到她感到沮丧，那么你会对她说些什么，以帮助她在这种情况下做出反应？花一点时间，并尽可能多地写下有帮助的语句。

_____

_____

_____

下面列出了一些简短的建议和短语，在队友遇到困难时你可以对他们说。如果你要对队友说下述这些短语或你自己想出的语句，那么下次你感到沮丧、愤怒或快要崩溃时，你也可以对自己这样说。

姑娘，放松点　　　我们可以做到的

我们还有时间　　相信自己　　我们遵守规则

深呼吸　　简简单单就好了　　避开愤怒深坑

做出反应　　随它去吧　　不要让它影响你

像冠军那样去打比赛　　我知道你有点沮丧

练习：ABCs

下一次当你发现自己陷入困境或即将陷入困境时，请执行以下简单练习。

A. 承认当时的情形

B. 呼吸……

C. 选择如何反应

反思：反应的力量

描述上周使用 ABC 练习或选择其他有帮助的"街道"。如果你仍感到困惑，下一节将提供一些常见的"坑"。

活动："坑"

你是否遇到过反复出现的问题或困难？以下是许多运动员遇到的常见"坑"。圈出符合你的内容。

训练和比赛中的"坑"	团队关系中的"坑"	沟通交流中的"坑"
·思考过去或未来 ·相信不友善的想法 ·被情绪所困扰 ·对困难做出被动回应	·责备 ·缺乏沟通 ·妒忌 ·过度竞争 ·缺乏信任 ·频繁的分歧 ·排斥 ·闲话 ·刻薄的玩笑	·不倾听 ·不说实话 ·夸大或掩饰伤情 ·缺乏沟通 ·懈怠偷懒 ·对教练心怀不满

学校和工作中的"坑"	朋友中的"坑"	危险行为的"坑"
·拖延 ·杂乱无章 ·缺乏兴趣 ·不寻求帮助 ·被不友善的想法攻击	·听不进别人说话 ·说话不被倾听 ·不说实话 ·关于责任和特权的分歧	·酗酒 ·危险驾驶 ·饮食紊乱 ·偷窃 ·打架 ·搞小团伙 ·自残 ·有自杀念头

人际关系和家庭中的"坑"

· 感到被排斥或嫉妒
· 追随一些"酷"的东西
· 口是心非
· 吝啬

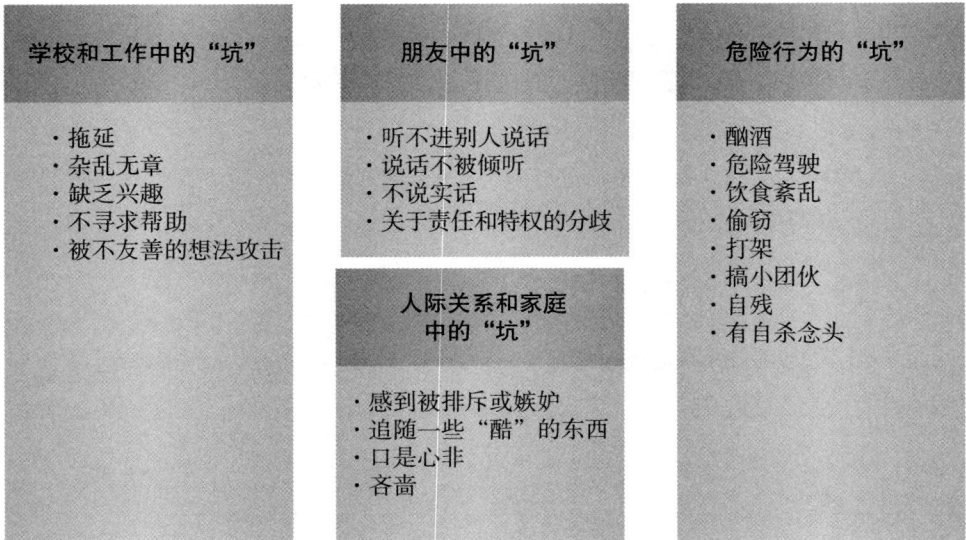

列出你排行前三的"坑"——那些反复出现的问题或困难。

1._____

2._____

3._____

有时你可能会觉得自己被推进了一个"坑"，有时你可能会把别人推入或拖入一个"坑"，有时你也可能是自己让自己掉进"坑"里的。看看你列出的三个"坑"分别是上述哪几种情况。

活动：反应，或选择不同"街道"

许多运动员发现，使用选择不同"街道"的比喻有助于他们在困难的情况下主动做出反应而不是被动地回应。主动反应意味着暂停、呼吸和选择自己的行为，换句话说，在运动和生活中有意地走在不同的"街道"。被动回应是无意识地行动，出于习惯，通常发生在不应期——换句话说，掉进了一个"坑"。你、你的教练和你的队友可能会发现这个比喻是一个有力的团队工具并且是切实能够改变比赛局势的因素。例如，如果裁判误判，而你看到队友因此而生气，你可能会说："不要掉进'误判'的'坑'里。"

使用你列出的前三个重复出现的问题或困难中的一个，对以下提示做出回应。

"坑"和不同的"街道"

简要描述这个"坑"，即简要描述你面临的问题或困难。

_____

_____

_____

请列出面临此问题或困难时经常出现的想法。

_____

_____

_____

请列出面临此问题或困难时经常出现的情绪。

_____

_____

_____

列出至少三个不同的可使你免于陷入困境的"街道"、创造性的行动或你可以选择的反应。

_____

_____

_____

有时，在运动和生活中，我们无法控制自己，掉入"坑"里。然后，我们所能做的就是微笑，原谅自己，做出修正，汲取经验教训并重新开始。这个过程通常涉及友好的姿态，例如扶起被击倒的对手，真诚地道歉，然后通过遵守规则的比赛方式来证明你已经从过往的经历中吸取了教训并获得了成长。我们将在第 9 章"错误、自我同情和意图"中再次考虑这些主题。

给自己一份正念的礼物

尽管看似简单，但其实注意到"坑"的存在和选择不同的"街道"比听起来的要困难很多。这样做能真正地改变比赛。因此，下一周或一个月里，可以致力于以下几点。

- 意识到"坑"；
- 有意识地进行反应（选择不同的"街道"），而不是本能地回应（掉入这些

"坑"里）；

- 如果找不到其他"街道"，则至少要站在"人行道"上，暂停一下，然后再考虑你的选项。

在第一部分结束时，花一点时间向自己表示祝贺。如果你从一开始就阅读这本书，按照书中的方法进行了练习，并开始将这些原则应用到日常生活中，那么你就可以很好地掌握正念的基础。通过练习这些技能，你可以增强以友善和好奇接近自己身体、思想和情绪的能力。这些技能为将正念付诸实践，对训练、比赛和日常生活中的压力时刻做出反应而不是回应奠定了基础。

随着你继续发展你的正念技能，你可能会发现以下这令人鼓舞的内容。尽管布兰迪·查斯顿可能没有使用过"正念"一词，但她在 1999 年足球世界杯上却运用了这些技巧。她提供了一个有力的例子——在 8 万名观众面前，在全世界竞争最激烈的赛事之一中，将正念技能付诸实践。

我们穿过新泽西州巨人体育场的阴暗隧道进行揭幕赛，走进了明媚的阳光。人群中爆发出巨大的吼叫声。数以千计的照相机的闪光灯在我们眼前闪耀，草坪的气味弥漫在空气中。（正念中的当下——视线、声音和气味）

我被一阵焦虑淹没了。我意识到我得好好表现。在足球场上我被以前从未有过的想法所麻痹。如果我不能完成自己的任务，没有达到队友或我自己的期望该怎么办？（正念中的想法和情绪）

我竟开始发抖。（正念中的身体感觉）

我找到了重新集中注意力的方法。我弯下腰，拉起袜子，这是我们学过的一种姿势，代表把过去的时刻抛在身后，投入新的时刻。（将注意力拉回到身体和当下时刻的正念选择）（Chastain，2004，176）

第二部分
高级技能——整合

第一部分介绍了正念的基础知识与在运动和生活中寻找流畅的基本技能。接下来的章节涉及更高级、更具挑战性的主题。与渐进式的体能训练一样，下面的练习会使你以新的、不同寻常的方式运用精神和情感"肌肉"。如果你觉得某个练习看起来很疯狂、很难、没用或者不可能做到，只要集中注意力就可以了，然后只管去做，之后看看会发现什么。就像对身体姿势、对齐、技术进行具体的物理改变一样，在你意识到这个新练习的全部好处之前，可能存在一个尴尬阶段，甚至是沮丧阶段。

你可以选择跳过一个特定的练习，或者在完成后面的练习之后再回过来做，这取决于你自己的选择。也许你真的还没准备好去做一个新的练习，在你可以去做这些更高级的练习之前，你需要发展你的核心正念技巧。否则，就会像在"基本概念：明智的努力和预防伤害"一节（见第4章）中第一张图片上的运动员一样，你只是在为不愿意走出舒适圈而自我欺骗。

第8章
面对挑战

体育不仅是比赛，它关乎生活、情绪、激情和一些我们所能够体验到的最高点和最低点。

——佚名

如果你是从头阅读本书的，那么你已经拥有了一套可以帮助你在生活中拥有更少压力、更多愉悦的有力工具。做个简单的回顾，你已学习了在宁静之地休息，练习了让注意力回到自己的身体，观察自己的想法，照顾自己的情绪，学习了驾驭自己的情绪波动，并主动反应（选择不同的"街道"）而不是被动回应（总是掉进同一个"坑"里）。

在本章你将学习应对挑战和从挫折中恢复。这些挑战和挫折可能是丢失手机和艰苦的训练，或者更为极端的问题，如受伤、丢掉首发位置、落选、意外的教练更换、失恋、在学校或工作中遭遇困难，甚至是队员或家长亡故。

此时明智和友善的第一步是通过第6章中的照顾情绪练习，简单地与你的沮丧、失望、愤怒、嫉妒、恐惧、绝望和怀疑情绪成为朋友。

练习：PEACE

当你在运动和生活中面临挑战时，PEACE练习将为你提供支持。如果你反复练习，你会记住这些基本要素，并自然地关注在特定情况下最有帮助的练习方向。正如你已经发现的，正念不仅仅是观察呼吸。对我而言，正念的力量在于，它在事情最困难的时候对我有帮助。

PEACE练习是可以在任何困难情况下使用的练习。首次进行此练习时，请回忆一个当前面临的问题。如果可能的话，选择一个小困难作为一个小的开始。如果你要处理更困难的事情，请花点时间，慢慢进行，并在需要时寻求支持。让我们开始吧。

- P代表暂停（Pause）。当你意识到事情很困难时，请停下来。
- E代表呼气（Exhale）。呼气时，你可能想发出一声叹息或呻吟。你甚至可能想哭。没关系！呼气后，你想……？吸气。保持呼吸……

- A 代表承认（Acknowledge）、接受（Accept）和允许（Allow）。当你继续呼吸时，请承认情况原本的样子。也许你背包里的所有东西都丢了，或者你刚刚弄伤了你的前交叉韧带。承认现实并不意味着你对此感到高兴，它只是意味着你知道情况是什么，无论你是否喜欢。A 也表示接受——接受情况和你对情况的反应，无论你是生气、沮丧，还是伤心、嫉妒。最后，A 也表示允许。尽你最大的努力在宁静之地停留，观察你所有的想法、情绪和身体感觉。请注意，你是否想通过假装没事来压抑你的情绪。注意你是否有在心中反复想事情，或者和朋友谈论它，来制造更多紧张和不安的冲动。试着接受这种冲动，但同时努力找到一个平衡点——就是说，你可以有自己的想法和感受，但不要让它们完全控制你，导致你做出以后可能会后悔的事情。

- C 代表选择（Choose）。当你准备就绪时——这可能会花费一些时间，几小时，几天，几周，甚至几个月——选择你将如何反应。在最好的情况下，做出选择需要一些额外的 C：清晰（Clarity）、勇气（Courage）、同情（Compassion）和喜剧（Comedy）。清晰代表明确你想要什么、你的限制是什么以及你要负责什么。勇气意味着勇敢地讲述自己的真实情况、听别人的真实情况。同情意味着对自己和他人友善，并理解有时候做人是多么困难。至于喜剧，"幽默"一词可能更合适，但它的英文并非以 C 开头……具有幽默感并且不把自己和自己的处境看得太严重有着令人惊讶的好处。

- E 代表投入（Engage）。停顿，呼气，接受自己的体验并选择如何反应后，你就可以与他人、环境和生活进行交流互动了。

完成 PEACE 练习之后，你就可以在现实生活中使用该练习了。在极端情况下，你可能需要每天重复几次练习，并且还可能需要寻求朋友、父母、教练、顾问或医生的支持。

下面的话很好地总结了 PEACE 练习的精髓。

平和，这并不意味着要在没有噪声、麻烦或辛苦工作的地方，而是意味着当处于这些地方时，仍保持内心的平静。

练习：接受身体的疼痛

之前，你已经学会了如何照顾感觉或情绪。现在，你可以使用相同的方法来对待身体疼痛。在我们的文化（指北美文化）当中，我们被教导通过服用药物、接受物理治疗或手术来消除疼痛。这些方法中的每一种都有其特定的使用时间和地点，并且有其价值。但是，尽管包括我们自己、教练、培训师、按摩治疗师、针灸师、理疗师、医师和外科医生都竭尽全力，有时疼痛仍然存在。

有趣的是，关于正念的开创性科学研究是针对平均患有 7 年慢性疼痛的人进行的，并且他们已经接受了所有推荐的常规医学干预措施——药物疗法、物理疗法和手术。当他们接受了正念训练，他们的疼痛减少了，应对疼痛的能力提升了。他们的压力、沮丧和焦虑减轻了。他们减少了药物使用，他们能够过上更加快乐的生活。

就像你学会处理强烈的情绪一样，这些患者也学会了用友善和好奇去面对他们的身体疼痛。他们花了一些时间简单地呼吸并与疼痛共存，而没有试图改变或修复它。他们轻柔地呼吸，感受身体感觉，并注意到被我们标记为"疼痛"的种种感觉的"颜色""质地""强度"以及"起伏变化"。带着友善和好奇观察疼痛是一个强大的工具，可以真正改变你与疼痛的关系。

和照顾情绪、身体的拉伸以及训练一样，知道何时后退和关注你自身其他方面的体验是重要的。作为关注疼痛的一种平衡方法，可以将注意力转移到没有疼痛的身体部位——耳朵与头部相连的地方、肘部或膝盖的皱褶处、手指之间的空隙——或将注意从身体向外转移到周围的景象和声音上。

通常，当我们经历疼痛时，我们会抗拒它。除了将我们友善和好奇的关注带入疼痛中之外，还要注意我们的体验中不断变化的细节——酸痛、抽痛、刺痛、放松，疼痛增强和减弱——然后将注意力转向各个舒适和轻松的身体部位，再将注意力转移到体外，我们还可以练习接受疼痛而不是抵抗疼痛。正如你将在下一节中了解到的那样，接受并不意味着我们不在合理的范围内尽一切努力去解决疼痛；接受只是意味着我们不会浪费自己的精力，并在抗拒我们无法改变的事情上增加疼痛。结合本节中的练习——友善和好奇地关注疼痛的感觉，关注没有疼痛的身体区域并接受疼痛——可以支持你发展与疼痛共处而不被疼痛损耗的能力。

活动：痛苦 = 疼痛 × 抗拒

你可能已经为自己揭示了一些东西：大部分与疼痛或不愉快事件有关的痛苦是由我们对该事件的想法和情绪所造成的。而且大部分的想法和情绪都强调过去，或更经常地强调未来。"我真的搞砸了最后一个环节"扩大成了"我总是搞砸"。"我失去了我的首发位置"变成了"我再也不会首发了"。"这种疼痛很强烈"被深化为"这种痛苦将永远难以忍受"。大部分这些令人不安的想法和情绪的实质是抗拒。简而言之，抗拒就是希望事物与实际有所不同。

杨增善法师（Shinzen Young）在 2011 年提出的数学公式可以帮助你理解这种联系：

$$痛苦 = 疼痛 \times 抗拒$$

如果你正在处理身体或情绪上的疼痛，这个公式可能完全适用。如果你正在处理其他不愉快的情况，则可以将痛苦视为烦恼的程度，将疼痛视为不愉快的事物，将抗拒视为你希望事情有所不同的程度。

换句话说，当不愉快的事情发生时，你的烦恼程度不仅取决于发生的事情，还取决于你有多想要事情有所不同。通常，尽管并非总是如此，疼痛（或不愉快）的程度是固定的，无法改变。公式里我们唯一可以调整的部分就是抗拒（我们有多想要事情不是它们本来的样子）。

让我们通过几个示例使这一点更加真实具体。也许你弄断了前交叉韧带，对于大多数运动员来说，这种疼痛在从 1 级到 10 级的疼痛等级里将是 9 级（其中 1 级代表非常轻的疼痛，而 10 级代表极度疼痛）。伤害在身体和情感上都是很疼的，你无法更改。但是，你的痛苦程度至少有部分在你的控制范围内。在 9 级的抗拒里翻滚——"裁判应该更好地控制比赛""那个球员本该更早被判罚并被罚下""这太不公平了""这本不应该发生的"——结果痛苦分值为 81 分；如果把你的抗拒水平降低到 2 级——"受伤是游戏的一部分""我将进行康复治疗并重新回来"——结果痛苦分值为 18 分。

或者说，对你而言，未能入选地区代表队的疼痛程度是 7 级。用诸如"选拔过程有黑幕""不公平"之类的想法来抗拒结果的抗拒程度是 7 级。在这种情况下，你的痛苦分值是 49 分。另一种思维方式，例如，"我真的很失望，但是我还会努力工作并再次尝试"的抗拒分值可能会比较低，例如 3 分。这种想法不会改变不能入选的疼痛，但确实会使你的痛苦分值从 49 分减少到 21 分。另外一个好处是，通常这种抗拒程度较低、接受程度更高的思维方式为你提供了前进的途径——明智的下一步，要采取的具体行动。

许多运动员发现，在处理疼痛时该公式非常有用。当你阅读本书时，你可能正处于非常疼痛的境地，例如严重的损伤、经济困难、一段感情破裂，或者你的家人生病或死亡。在这种情况下，你的疼痛程度可能会增加。如果你要面对的是极端疼痛的情况，请花些时间使自己找到宁静之地，并温柔地认可疼痛……放松一点……保持温柔。

记住，希望事情有所不同会增加痛苦或沮丧。不管多么糟糕，接受事情本来的样子都有助于我们选择明智又快乐的下一步（请参见下文）。例如，加倍进行康复训练，重新致力于特定技能和练习，完善技术，与教练交谈以获取反馈，或为自己或家人寻求支持。正如吉姆·阿夫雷莫写道："与其将逆境视为情况正在恶化的迹象，还不如抓住机会让你的比赛变得更好。要做的选择是让逆境成为比赛的障碍，还是利用逆境使自己变得更强壮"（Afremow，2013，100）。

在进行此练习时，请记住以下几点很重要。

- 希望事情有所不同并不是坏事或错误，这非常自然。
- 接受事物的本身并不一定意味着要放弃并且不采取任何行动来改变局势。
- 如果你的疼痛评分高于 10 分，请寻求朋友、咨询师、治疗师、教练或医生的支持。

基本概念：幽默

正如在 PEACE 练习中提到的，喜剧或幽默可以给困难时刻带来轻松。加拿大奥运会游泳运动员桑托·孔多雷利（Santo Condorelli）是将幽默融入赛前仪式（见第 4 章）。每次比赛前，他都会向父亲做出一个让人感到冒犯的手势。这个仪式要追溯到孔多雷利 8 岁时，那时他骨瘦如柴，当他站在起跳台上，旁边是比他成熟得多的大块头，他感到害怕。因此他爸爸说："当你上了跳台，就把所有的事情都抛到脑后，像没人在你身边一样游泳。"孔多雷利问如何才能做到，他的父亲回答："你说'随它去'"（Bowmile，2016）。接下来每当比赛开始，孔多雷利在跳台上向他的父亲做出一个让人感到冒犯的手势，这后来成了他的赛前仪式。他发现这能使他的神经平静下来，使他集中精力。在创造了这个仪式之后，他开始赢得比赛。

值得注意的是，这一仪式并非没有争议。2010 年在美国青少年全国游泳锦标赛上，电视摄像机捕捉到了孔多雷利的招牌动作。有些人感到被冒犯了，有些人认为这是个人行为。从那以后，他稍微改变了他的仪式。现在他只是简单地把中指放在额头上，而不是把胳膊伸到空中。这是同样的姿势，但引起的关注较少。

我并非建议你采取这种特殊的手势，而是鼓励你找到赛前仪式和错误仪式（见第 9 章），帮助你和你的队友轻松起来，让自己不那么严肃，让你在比赛中找到自我（见第 5 章）。

幽默的仪式很有帮助，有时它是一种自发的评论或手势，能让你和你的队友感到轻松愉快。看看勒布朗·詹姆斯（LeBron James，美国职业篮球运动员，司职小前锋，效力于洛杉矶湖人队）对挣扎于失去双亲痛苦中的钱宁·弗莱（Channing Frye，前美国职业篮球运动员，司职大前锋 / 中锋）的评论。

在赛季中期的一场比赛中，我完全失去了情绪。我不笑。我也完全没有享受比赛。我只是在做些动作。勒布朗注意到我很沉默，他在暂停时走过来找我。

"钱宁。"

我突然从昏昏欲睡中回过神来，看了一眼勒布朗。他看起来很严肃，没有表情。

然后他说，"你刚才放屁了吗？"

我忍不住笑了。大家都知道我喜欢一个好玩的放屁笑话！队里的每个人……都知道怎么把我从忧虑中拉出来。（Frye，2017）

为了让幽默更有效，你必须读懂你的队友，并明智地选择你要说的话。有时候幽默和轻松是一种方法，但在其他时候，强有力的类似"我支持你"的表达是必要的。如果你和你的队友容易紧张，幽默可以帮助你们找到流畅。

基本概念：好消息，坏消息，谁知道呢

俗话说："糟糕的事情总会发生。"事情发生后我们对它有各种各样的想法……然后我们相信这些想法……然后我们对我们相信的想法产生感觉……这些想法和感觉影响了我们对形势的看法和反应。所以，保持好奇心和开放的心态，并对我们的经历保持轻松的态度是有帮助的。

每个运动员的职业生涯由一系列我们通常认为是"好消息"或"坏消息"的事件组成。下面是一个例子。

你被邀请为你梦想中的球队效力。你的大多数家人和朋友都说："这真是个好消息！祝贺你！太棒了！"你的祖母说："好消息，坏消息，谁知道呢？"

在训练的第一天，你受伤了。你的大多数家人和朋友都说："哦，不，这真是个坏消息，太可怕了！"你的祖母说："好消息，坏消息，谁知道呢？"

你的赛季开始得晚一些。本赛季末，国家队正在寻找合适的人。许多潜在的候选人筋疲力尽或受伤。而刚好你的状态恢复了。你被召入队伍了。

你的大多数家人和朋友都惊呼："这真是个好消息，太令人兴奋了！"当然，你的祖母笑着说："好消息，坏消息，谁知道呢？"

一方面，你还记得有一次你曾确信事情很糟糕吗？你是否遇到过身边人（球员、教练、父母）都开始讲相同的事？例如，"没有明星球员我们将会失败。"另一方面，你还可以回想起曾经认为很棒的时候吗？例如，"在锦标赛的第一轮中，我们分到一支容易战胜的队伍。""教练喜欢我。"

正如你可能在观察想法练习（见第 5 章）中意识到的那样，每个人每天都有数以千计的想法。我们不仅有这些想法，而且我们通常也相信它们，并将其归类为好消息或坏消息。也许更有用的方法是对目前的情况保持我们友善和好奇的关注并停留在"谁

知道呢"。

在你的运动生活或日常生活中，你是否正在讲一个糟糕的"故事"？或很棒的"故事"？

_____

_____

_____

当你不带着主观情感看待这种情况时，你会发现什么？

_____

_____

_____

你是否愿意大胆迈出一步，并认为这种情况正如聪慧的作家和教师拜伦·凯蒂（Byron Katie）所说——"发生在你身上，而不是为你发生"？

基本概念：这事发生在我身上，而不是为我发生

"这事发生在我身上，而不是为我发生"到底是什么意思？当我们相信一些我们归类为坏消息的事情已经发生在我们身上时，我们常常陷入消极的想法："选拔过程不公平。""那个糟糕的判罚让我们输掉了比赛。""这次受伤毁了我的生活。"在经历了一段不可避免的失望，甚至悲伤之后，真正的冠军会利用逆境来学习和成长。他们会利用现有的资源，将它们发挥到极致。作为一名年轻的体操运动员，我遭受着慢性肩关节脱位的痛苦。所以在七年级的时候我选择了做手术来重建我的右肩关节，然后在八年级的时候我的左肩做了同样的手术。手术结束后，我选择每天吊着悬带去健身房做身体调理，锻炼力量和柔韧性，练习舞蹈元素。当我的肩膀愈合后，我有了姿态优美、流畅、有力的跳跃动作。不仅我的身体（除了胳膊）更强壮、更灵活，我的内心和思想也更坚强和灵活。我没有沮丧，而是选择了反复使用受伤和做过手术的部位进行挑战，去发现和发展心理弹性——受挫折后恢复的能力。

布兰迪·查斯顿在她那篇极具感染力的文章"致年轻时的我自己"中，完美地描述了这种与逆境共事的独特方式。经常阅读这封鼓舞人心的信，尤其是当你情绪低落时，你会受益匪浅。以下是她在信中分享的部分智慧。

你会因为受伤而谦卑。两次前交叉韧带撕裂和一次半月板撕裂会让你在两年半的

时间里远离你喜欢的比赛。耐心点。倾听你的身体。这一次的离开将给你一个暂停的机会，让你停下来体验一下不首发、不进球、不做有影响力的人的感觉。你将学会欣赏你的队友。当你在场边欢呼时，他们会继续比赛。反过来，他们会越来越感激你。他们会像你做的一样，在你重新回到首发阵容过程中为你鼓舞欢呼。

机体恢复过程中的精神和生理挑战将考验你的耐心。对那些时刻要有信心——它们将决定你未来的毅力。没有运动员知道严重损伤会带来什么。与你所有的问题共生并相信这个过程。你将在成为一个更好的球员、更好的队友、更好的人后回归。（Chastain，2015）

回首往事，查斯顿可以明白她是如何受伤的。因为受伤，她学会了谦虚，懂得欣赏队友，学会了接受支持，学会了坚持，学会了提高自理能力，学会了调整自己的身心。

基本概念：这会过去的——无常与镇定

处理好消息和坏消息的另一种方法是牢记所有的经历都是暂时的——掌握一项新技能、组建一支球队、赢得冠军的喜悦，以及低迷、受伤、被裁和失败后的低落。记住所有的经历都是暂时的，这会让我们在高潮中快乐，在低谷中前行，而不会造成自负或沮丧。用一个词来形容这一平衡方法，就是"镇定"。

镇定是指心理或情绪上的稳定或沉着，特别是在具有挑战性的时刻，这是一种平静和平衡的感觉。成功与失败、输与赢、进步与挫折都是运动与生活的一部分。练习镇定——在宁静之地休息，让身体感觉、想法在练习和比赛中产生又消散（尤其是在备受瞩目的事件前后）——会帮助你达到最佳状态。

2008 年奥运会水球银牌得主贝齐·阿姆斯特朗（Betsey Armstrong）引用了一句俗语——"保持冷静，继续前进"。她说："充满挑战的时期仅仅是一个时间段。做几次深呼吸并且知道它不会永远持续下去，这让我能够专注于眼前的片刻和手头的任务"。

在巨大的成功和毁灭性的失败面前保持镇定的价值和必要性，以及发现作为运动员的身份之外的人的价值和必要性（更多信息，请参见第 13 章的"反思：超越竞争"）正变得越来越清楚，尤其是随着越来越多的运动员 [包括迈克尔·费尔普斯、艾莉森·施米特（Allison Schmitt）和马尔戈·伊萨克森（Margaux Isaksen）等奥运会奖牌得主] 敞开心扉，讲述他们患抑郁症的经历（Florio and Shapiro，2016；Block，2016）。美国职业棒球大联盟多项纪录创造者肖恩·格林写过以下内容。

就像我不想在一个糟糕的击球上停留太久一样，我也不想让自己陷入本垒打的泥

潭。绕垒胜利地慢跑已经足够了……对成功的依恋和对失败的依恋一样危险。（Green，2011，124）

基本概念：信念、耐心和毅力

作为一名年轻的体操运动员，我偶然发现了一首诗，是一位不知名的作家写的，这首诗帮助我度过了艰难的时期。事实上，这首诗非常有用，我把它背了下来，这些年来，我几乎把它记在心里了。这首诗就在下方。它虽然写的是体操运动员，但它适用于任何运动项目的运动员。

耐心是人最大的美德，

俗话说得好。

体操运动员一定说过这话，

因为体操运动员肯定知道，

在这项有趣的运动中，

沮丧情绪高涨，

有时最优秀的人会发现，

这种美德从她身旁经过。

当手被撕裂和抽搐，

每一块肌肉都疼痛时，

一个体操运动员还能有耐心，

能再慢慢来吗？

你能承认你很害怕，

但又不屈服于恐惧吗？

你能战胜痛苦、挫折，

甚至眼泪吗？

当别人做了你想做的事，

你能真诚地为她感到高兴，

而不仅仅是怜悯自己吗？

当你对过去常做的动作感到陌生，

进展似乎很慢，

你还能对美好的日子充满信心，

并且不感到悲伤和低落吗？

当成功遥遥无期时，

你的努力都白费了，

你能强迫自己微笑而无视痛苦吗？

如果就算有这些苦难，

你仍可以说"我不会屈服的"，

那么总有一天你会发现，

现在轮到你赢了。

现在，从正念的角度来看，我们可以进行一些有用的调整。我们不需要征服痛苦、挫折和眼泪；我们可以学会掌控他们，而不是被他们掌控。没有必要强颜欢笑，承认并友善地对待你的失望可能更有帮助。这样你的笑容就会在适当的时候自然而然地回归。与其无视疼痛，更明智的做法是把你友善和好奇的关注集中在你身体的感觉上，学会辨别训练中的正常疼痛与更严重的损伤和过度训练之间的区别。扩展获胜的定义也许是明智的。我们可以选择将获胜不仅仅定义为最短的时间、评委给出的或记分牌上的最高分数。例如，在我做了肩部手术后，当我终于可以举起逐渐愈合的手臂，把头发扎成马尾辫时，这绝对是一场胜利！获胜可以是：在健身房独自掌握一项技能；当对手奚落你时，你保持了缄默；即使记分牌上的分数说你输了，你也比赛到终场哨声响起；举起和亲吻奖牌或奖杯。

接下来的一周左右，使用刚才描述的"获胜"的扩展定义，每晚睡觉前用下面的工作表跟踪你的获胜情况，或者在手机或在线文档中创建一个列表。

每日胜利

日期	胜利
星期一	1. 2. 3.
星期二	1. 2. 3.
星期三	1. 2. 3.
星期四	1. 2. 3.
星期五	1. 2. 3.
星期六	1. 2. 3.
星期日	1. 2. 3.

活动：明智又快乐的下一步

无论你是从常规意义上还是扩展意义上赢得胜利，还是在挣扎中感到不知所措和不确定，都可以考虑考虑 G 教练所说的"明智又快乐的下一步"。当我们发现自己身处好消息或坏消息的故事中时，通常会往前走很远很远，迷失在对未来的幻想或噩梦中。当你发现自己陷入对未来的遐想时，喘口气，回到现在，自我检查，诚实地评估情况，然后问自己："我下一个明智又快乐的步骤是什么？"这一步骤是一个简单、当下可行的动作。

选择明智又快乐的下一步有时需要认真审视自己，并承认弱点或盲点。有时候，这意味着倾听我们不希望听到的队友或教练的声音。几乎总是如此，我们谦虚、无畏地面对现实，才能真正使我们前进。

你下一个明智又快乐的步骤可以是身体上、精神上、情绪上、心灵上或人际关系上的。例如每天上篮一百次、投三分球一百次、罚球一百次，每次练习中的停顿都将你的注意力完全带入当下；练习镇定；在宁静之地休息，相信"这是为你而发生的"；真心地庆祝每一个成就；与你的教练交谈以相互理解。

为了履行你对自己的承诺，写下明智又快乐的下一步会有所帮助。你可以在下面写下它，或者将其输入手机中以便每日或每周提醒。

明智又快乐的下一步

当然，糟糕的事情总会发生，挑战总会出现，事情总会改变。因此，你可能会经常希望重新访问你明智又快乐的下一步，并且你可以养成在每个月初检查和修改它的习惯。接下来，我们将在每个运动员职业生涯中的关键时刻考虑"明智又快乐的下一步"的原则。

基本概念：停止或转型

在每一个运动员的职业生涯中，都会有这样一个时刻，下一个明智又快乐的步骤是接受自己不再能够在同一水平上比赛。这一刻可能是受伤、衰老、生活环境改变（比如找了份新工作或生了孩子）、被裁或者也可能只是选择把追求流畅状态的过程中学到的一切应用于另一种热爱的事物上。有时我们可以选择转换的时间和原因，但有时我们不能。

然而，我们总是可以选择如何转型，这始于我们告诉自己的"故事"。我们有一个关于"停止"的"故事"，总而言之，停止是"不好的"，放弃是弱者的标志。我们很少谈及选择转型的健康过程——去一个竞争不那么激烈的联赛、进行另一项运动、成为一个教练、成为一个业余运动员或者开始一种新的生活。你从现在的水平转型，可能就在这周或许多年后，重要的是要记住，无论事情如何发展，你都可以进行PEACE练习，书写自己的故事。

同样，有很多转型的方法。你可能需要开始注意朋友、队友和著名运动员在职业生涯各个阶段的变化。有时候，转型的第一步是听我们不想听的东西，认真地审视自己，我更愿意换个说法——让我们友善、好奇和诚实地关注我们的能力和当下的情况。有些运动员的转型真的很糟糕——当众发脾气、大闹一场、负面报道等，而另一些运动员则以极大的谦卑和优雅转型，把他们通过体育运动获得的一切带到他们的下一次冒险中去。

金州勇士队的德雷蒙德·格林（Draymond Green，美国职业篮球运动员）回忆起他从高中教练那里学到的关于转型的智慧。一天，当格林和他的高中队友萨吉诺（Saginaw）坐在看台上听助理教练布鲁斯·西蒙斯（Bruce Simmons）讲话时，他把一个篮球抛得很高，几乎触到了天花板。格林回忆说："然后球掉下来了——跳，跳，跳，跳，跳，然后滚开了。"西蒙斯教练接着说："那就是你的职业。总有一天球会停止弹跳的，那时你要依靠什么？"格林描述了这条信息对他的影响。"这很重要，因为在 NBA，我们称它（一个人职业生涯不可避免的结束）为'时间之父'，'时间之父'是不可战胜的……总有一天它会追上我们所有人。那么接下来什么才是……非常重要的"（Peterson，2016）。

下面的故事说明了四种非常独特的职业生涯终结的情况：一位世界级运动员两次退役——一次是无意识地退役，一次是有意识地退役；一个潜在的奥运选手谨慎地接受被淘汰；一个潜在的奥运选手谨慎地选择去追求其他的梦想。

2012 年，迈克尔·费尔普斯第一次以不太健康的状态退役。他经历了严重的后奥运抑郁症，开始酗酒，并接受康复治疗，发现除了作为一个多次获得奥运会奖牌的人，他真正的身份是什么（见第 13 章的"反思：超越竞争"）。他的第一次转型经历发生在他身上，而不是为他发生，同时让他为 2016 年更健康地转型做好准备。在里约热内卢的"最后"一次获得接力游泳金牌后，他说，"这不是职业生涯的终结，而是新征程的开始"（Ward-Henninger，2016）。

卡茜迪·利希特曼毕生致力于打造奥运会排球队，但她没有进入 2016 年奥运会排球比赛的最终参赛名单。以下是她对自己转型的想法的简略版本。

我不会去参加奥运会了……

但在某个时刻，随着时光流逝，我意识到我仍然是我……我是谁已经被定义了，不是因为我入选了哪些名单或挂在房间里的奖牌，而是由我每天努力的方式——好好工作、学习，尽我所能为我的团队服务。

为了追逐这个梦想，我付出了我所拥有的一切。但我不是带着痛苦，而是带着信念和自豪……

至于我——这不是我故事的结尾。这只是其中一章——超现实的、充满挑战的、奇妙的一章。现在是写下一章的时候了。（Lichtman，2016）

斯坦福大学的体操运动员伊丽莎白·普赖斯（Elizabeth Price）是一个更不寻常的转型例子。2013 年，她是世界排名第一体操运动员。随后，她选择结束自己的国际精英职业生涯，跳过 2014 年体操世界锦标赛，放弃参加 2016 年里约热内卢奥运会，接受了斯坦福大学的奖学金，这震惊了体操界。（Stickells，2015）尽管许多人恳求她继续参加奥运会，但普赖斯心里明白，在斯坦福大学而不是在奥运会上竞争，是她明智又快乐的下一步。

密歇根州运动心理学家斯科特·戈德曼（Scott Goldman）博士指出，过度认同自己所从事的运动的运动员可能会迷失自我，因此，他们在转型时可能会感到失落和沮丧：“说‘我现在是游泳运动员’比说‘我曾是游泳运动员’容易得多。”在他的练习中，他这样提醒运动员们。

他们所拥有的技能和个性特征，推动他们在体育领域取得卓越的成绩，这些是可以转移的。如果他们找到自己喜欢的其他东西，那么他们可以将所有的激情和工作道德、毅力、心理弹性、创造力和适应能力转移到他们感兴趣的下一个阶段。

现在，花点时间列出你通过体育运动发展而来的五种品质，即使你不再是一名竞技运动员，这些品质也为你继续服务。

1.＿＿＿＿＿＿＿＿＿＿＿＿＿＿＿＿＿＿＿＿＿＿＿＿＿＿＿＿＿＿＿＿＿

2.＿＿＿＿＿＿＿＿＿＿＿＿＿＿＿＿＿＿＿＿＿＿＿＿＿＿＿＿＿＿＿＿＿

3.＿＿＿＿＿＿＿＿＿＿＿＿＿＿＿＿＿＿＿＿＿＿＿＿＿＿＿＿＿＿＿＿＿

4.＿＿＿＿＿＿＿＿＿＿＿＿＿＿＿＿＿＿＿＿＿＿＿＿＿＿＿＿＿＿＿＿＿

5.＿＿＿＿＿＿＿＿＿＿＿＿＿＿＿＿＿＿＿＿＿＿＿＿＿＿＿＿＿＿＿＿＿

记住，每一次转型都是一个学习和成长的机会，让我们友善而好奇地关注什么能带给我们快乐，去发展我们独特的技能和才华，去思考世界需要什么，并且最终用我们的能力去服务他人。

给自己一份正念的礼物

希望你可以理解本节中的练习是如何支持你应用 PEACE 实践的，认识到抗拒会增加痛苦，可以让你向接受的方向前进。接受事物的本来面目，即使你不喜欢；保持幽默感，以及一种"谁知道呢"和"这对我有好处"的态度；记住世事是无常的，将帮助你培养平静、信心、耐心和毅力。这些品质为 PEACE 练习的最后一步——选择明智又快乐的下一步，向前迈进，奠定了坚实的基础。

面对困难时。

- 进行 PEACE 练习；
- 接受现状和你的原始反应；
- 保持"谁知道呢"的态度和幽默感；
- 请记住，这件事正发生在你身上，而这件事会过去的；
- 选择你明智又快乐的下一步。

第 9 章
错误、自我同情和意图

你该如何对待错误：认识它，承认它，从中吸取教训，忘记它。

——迪安·史密斯（Dean Smith），美国奥运会男子篮球教练

作为运动员和人类，我们都会犯错误——很多错误，这是生活的一部分。就像上一章所讨论的挑战一样，当我们犯错误时，我们可以选择如何应对，如痛打自己或鼓舞自己。在这一章中，你将创造一个简单的错误仪式，在情绪最激烈的时候使用，练习极其强大的自我同情技巧，用一种新的方式来思考"有赢家就有……"并探索设定目标和设定意图之间的区别。

活动：错误仪式

在训练和激烈的比赛过程中，承认错误、觉察到自我批判思维，然后重新调整状态的能力至关重要。通常，你可以使用简单的错误仪式快速完成此过程。在《提升游戏：成为具有三重影响力的竞争者》一书中，积极教练联盟的创始人吉姆·汤普森描述了三个快速有效的错误仪式：冲洗（做冲洗动作）、擦汗（擦掉额头上的汗水）、刷落（用手轻刷肩膀）。

或者，你可以创建自己的仪式。我的女儿根据我们家一个有趣的瞬间制定了一个仪式。在我女儿三岁的时候，有一天我走进一间衣橱，发现她坐在地板上，用儿童剪刀将干洗衣架上的泡沫切成小块。当我问她："亲爱的，你在做什么？"她回答："放松。"从此，每当我的女儿在足球比赛中犯错时，她的习惯是用食指和中指进行简单的类似剪刀的动作，象征给自己"剪掉压力"。

这样的仪式可以帮助你不再关注之前的比赛，而将注意力集中到当下的比赛。NBA篮球运动员兼教练菲尔·杰克逊强调了此过程的好处。

篮球运动以闪电般的速度进行，运动员容易犯错并沉迷于刚刚发生的事情或接下来可能发生的事情，这使你被分散的注意力无法回归到唯一真正重要的事情 ——此时此刻。（Jackson，2014，53）

你可以通过眼神交流或简单的微笑，与支持你的队友、教练或家人分享这些快速的仪式，从而增强这些仪式的效果。仪式可以帮助你放轻松。记住，错误是比赛的一部分，也是学习过程的一部分。更重要的是，实现至关重要的心理复位，使你能够将全部精力重新投入比赛中并找到流畅状态。

活动： 自尊感

自尊感是我们关于自己的想法，其主要与两个因素有关。首先，与其他人相比，我们如何看待自己：我比你更好或比你更差。其次，我们从成功和失败的角度来看待自己：我是一个好的、成功的学生、运动员、朋友、人，或者我是一个坏的、失败的学生、运动员、朋友、人。

当我们处于有利地位，自尊感似乎很强——认为我们比别人更好或感到更成功。但是，当自尊感处于低水平时，就像在火焰上浇汽油一样。

让我们做一个小实验，看看自尊感是如何起作用的。首先，回想一个你感到成功或比别人更好的时刻。仔细回顾一下当时的情景，然后在此处进行简要描述。

_____

_____

你在这种情景中有什么想法？

_____

你在这种情景中有什么情绪？

_____

这些想法和情绪是如何出现在你的体内的？

_____

_____

（如果你不确定，这里有个提示：当我感到自己成功或比别人更好时，我会有些趾高气扬，我会抬头挺胸。）

现在针对自尊感处于低水平时的情景做同样的事情，回想当你感到自己是失败者或比其他人更糟糕时。仔细回顾一下当时的情景，然后在此处进行简要描述。

_____

_____

你在这种情景中有什么想法？

_____

_____

你在这种情景中有什么情绪？

_____

_____

这些想法和情绪是如何出现在你的体内的？

_____

_____

（同样的提示：当我觉得失败或比别人更糟时，我会有点泄气并失落。）

现在列出三个让你有较高水平的自尊感的特性。

1._____

2._____

3._____

现在考虑一下，与你的高自尊或自豪相关的这些特性是否有消极的一面。例如，当你没有按照自己或他人的期望行事、表现或执行时，你是否感到压力重重？以下这些示例可以阐明这一概念。

特性：我很坚强。

消极面：有时候，坚强是很累的。有时我想得到支持和安慰。有时我的坚韧掩盖了我的痛苦。

特性：我罚球很棒。

消极面：有时我会自大。当我罚失的时候，我的头脑会陷入混乱。

特性：我人缘好。

消极面：有时我不会好好照顾自己。有时我做些我不想做的事情。

你列出的三个特性有哪些消极的一面？

1._____

2._____

3._____

好消息是，我们有可能在"比……差"与"比……好"以及"成功"与"失败"的过山车上驰骋，而不必把这一切看得那么严重。我们可以学会真正享受我们的优势和成功，接受我们的弱点和所谓的失败，而不必让它们定义我们是谁。我们可以学会用友善和好奇轻轻地拥抱"好"与"坏"的经历。记住"无常"这个概念对我们有好处，因为感觉自己比别人成功或更好的经历，或者感觉自己比别人失败或更糟的经历都是暂时的，它们都不能定义我们。

练习：自我同情

自我同情（又称自悯、自我关怀）是基于这样的理解，即包括你在内的所有人都会遇到困难，并且包括你在内的所有人都应被友善对待。与自尊感不同，自我同情并不取决于你对自己的看法、你的成功或失败，也不取决于你与他人的比较。

根据自我同情领域的先驱和受人尊敬的研究者克里斯廷·内夫（Kristin Neff, 2011）的说法，自我同情分为三个部分：正念觉察、自我友善和对共同人性的理解。希望本书在这一部分，让大家都能清楚地认识到《运动中的流畅体验：基于正念训练的卓越运动表现实践方法》的核心是正念觉察和善意！尽管如此，让我们考虑一下内夫博士如何描述这两种特质。简而言之，她说正念觉察意味着愿意公开，清晰地观察负面思想和情绪，而又不会压抑或沉迷于它们。她描述自我友善是给自己以友善，特别是当我们遭受苦难、失败或感觉无法胜任时。

自我同情的第三个要素是理解共同人性，认识到苦难和个人不足（即不胜任）是人类经验的一部分。每个人都会有感到悲伤、生气、恐惧、沮丧、嫉妒、不安全和失望的时候，这些经历不仅仅发生在你一个人身上。换句话说，有时候我们都会为自己感到难过。

因此，请花点时间回顾以前的活动，并记住当你觉得自己比别人更糟糕或失败时写下的情景。尽可能详细地回忆这种情景，让经历中的想法和情绪冒出来……现在，将手放在胸口（感受身体如何响应这种简单的触摸）并说出以下这些话。

当_____（请填空）时确实很艰难。每个人都会经历艰难的时期。在这一刻，给予自己友善和同情。

这样对自己友善是什么感觉？

_____

_____

如果对这种练习感到奇怪或尴尬，没关系。与其他新技能一样，你练习的次数越多，自然而然就会给予自己友善和同情。因此，每当你遇到困难时，请练习像对待一个真正的朋友一样给予自己友善和同情。

内夫博士认为，自我同情并不仅仅增加了幸福感，也增强了心理韧性（度过困难、重新振作的能力）并在困难事件后提高成绩（Breines and Chen，2012）。事实上，她的研究表明，练习自我同情可以提高大学生应对学业失败的能力（Neff，Hsieh and Dejitterat，2005）。相关研究表明，作为运动员，你可以通过练习自我同情而获得特定的好处。

- 具有较高自我同情水平的年轻女运动员经历羞愧、自身体型（身体）焦虑、害怕失败和害怕负面评价的可能性较小。（Mosewich et al.，2011）

- 女运动员报告说，自我同情在困难的运动情境下是有利的，因为它可以减少反刍思维（强迫思维）并增加积极性和毅力。（Ferguson et al.，2014）

- 与自我同情水平较低的女运动员相比，自我同情水平较高的女运动员在运动中对遇到情绪困难的假设和回忆情况（对比赛的失败负责和最差的运动经验）的反应方式通常更健康。较高水平的自我同情与较低水平的负面情感（情绪）、较少的灾难性思维（认为最坏的情况会发生）和个人化思维（关注自己）以及较强的行为镇定性有关。（Reis et al.，2015）

- 更重要的是，研究表明，自我同情就像正念一样，是一种可学习的技能。最初自我评价为自责的女大学生运动员在学习自我同情后，可以更有效地管理自我批评、反刍（强迫思维）和对错误的关注。研究人员得出的结论是，培养自我同情的心态是女运动员对运动中负面事件的潜在应对机制。（Mosewich et al.，2013）

男性可能会想：好吧，自我同情对女运动员非常有用，但对我而言却不然。以下信息可能会对男性有所帮助，研究表明，自我同情对学业失败的益处在男性和女性中同样存在；美国男子小轮车国家队的运动员在正念表现提升、觉察和知识的培训中学习了自我同情（请参阅第 2 章"基本概念：正念的好处"部分）；得克萨斯大学长角牛队的总教练最近请内夫博士和她的研究小组教授他的运动员这些练习；金州勇士队的核心价值之一就是对自己和他人怀有同情。

因此，当你感到难受并面临挑战时——与某人分手，与你的朋友或父母发生争吵，获得令人失望的评价或成绩，或表现不佳之后——请给予自己同情。（如果你愿意）将你的手放在胸口，并使用以下简单的短语："当＿＿＿＿＿＿（请填空）时确实很艰难。每个人都会经历艰难的时期。在这一刻，给予自己友善和同情。"

或者，如果你不喜欢这些短语，请提出一些适合你的常用短语。如果你不确定要说些什么，请想想你可能对朋友或队友说的话，或者支持你的队友、朋友或教练对你说过的话。请参阅下面的更多建议。

自我同情短语

我为你而来

我知道这很糟糕

things会好起来

保持平静　　　　　　　　每个人都会犯错

　　　　　　　　我有韧性

这种事谁都会遇到

忍耐一下　　　　　　　　　像在训练中一样

保持冷静，坚持下去　　　我支持你

杀不了你的东西会让你更强大

你会挺过去的

遇到困难时，练习自我同情是善待自己的非常简单的方法。仅仅对自己说一些令人放心的短语就足够了，但你越能真诚地给自己提供与对待朋友一样的友善，练习就越有效果。《正念和表现》杂志的编辑和撰稿人埃米·巴尔策尔（Amy Baltzell）写过以下内容。

尽管练习正念有很多好处——对当下的专注和对所接受经验（例如，学习保持注意力的集中）的直接实践——但将同情心整合在练习中是学习容忍负面情绪和想法的关键。（Baltzell，2016，60）

活动：有赢家就有……

我们可以从精英运动员那里学到很多关于在输赢上养成健康态度的知识。思考一下肖恩·怀特（Shawn White，曾两次获得单板滑雪 U 型池金牌）在 2014 年奥运会上获得第四名后的言论如下。

没有什么比实际失利更有动力。你需要反思，重新聚焦，获得激励并回来。真正令人兴奋的，是回来看看你得到了些什么。失利使我作为一个人和一个竞争者，我认为我比以前好得多。承受了那次失利之后，我能想象到的最糟糕的事情发生了，而我仍然在那里。我还是我。（美国全国广播公司，2016 年夏季奥运会黄金时段播出，2016 年 8 月 15 日）

你会如何补充"有赢家就有……"这句话？

有赢家就有＿＿＿＿＿＿＿＿＿＿＿＿＿＿＿＿＿＿＿＿＿＿＿＿＿＿＿＿＿

补充这句话的最常用方式是什么？

有赢家就有 _____

你补充这句话的方式和最常见的方式一样吗？

圈一个答案：　　　　　　　　　　　　　　　　　　是　　不是

当你获胜时，你的情绪如何？

_____

_____

当你获胜时，你的身体感觉如何？

_____

_____

当你获胜时，你对"有赢家就有输家"的感觉如何？

_____

_____

当你失败时，你的情绪如何？

_____

_____

当你失败时，你的身体感觉如何？

_____

_____

当你失败时，你对"有赢家就有输家"的感觉如何？

_____

_____

"有赢家就有输家"这句话会把你带入自尊还是自我同情中？

圈一个答案：　　　　　　　　　　　　　　　　自尊　　　自我同情

还有其他更多补充这句话的方式吗？

有赢家就有 _____

停止。走出看不见的、疯狂的输赢文化框架。考虑其他选择。

我最喜欢将这句话补充为：

有赢家就有学习者。

当你阅读这句话时，你的情绪如何？

_____

_____

阅读这句话时，你的身体感觉如何？

_____

_____

"有赢家就有学习者"这句话会把你带入自尊还是自我同情中？

圈一个答案：   自尊   自我同情

当你阅读这句话时，你内心是不是还有个声音在说：是的，这很好，但确实还是有赢家和输家。老实说，我心里也在这样说。但是，任何一天都有通过秒表或计分板产生赢家和输家的事实，但这并不意味着在任何一天没有正在学习的人。这个选择由你决定。无论输赢，你都可以选择成为一名学习者。

每位站在领奖台上，亲吻奖牌，将奖杯高举过头顶或戴冠军戒指的运动员也都失利过数百次。在失败的痛苦之后，他们所做的选择使他们尝到了胜利的喜悦。

因此，在每次无论胜利或失败之后，都要记下你做得好的 5 件事和你学到的或可以改进的 5 件事。帕特·康罗伊（Pat Conroy）这段深刻反思传达了面对失利时选择学习的真正力量。

但是"失利"——"失利"中蕴含着更深沉的意义。关于失利确实有些你必须弄清楚的事情：自己做错了什么，必须改变自己的比赛方式，你必须以另一种方式看待自己。失利似乎使我为生活做好准备——糟糕的评论，母亲的离世。我母亲的离世并没有使我想起获胜的一切。（NPR，2016）

活动：目标和意图

作为运动员和普通人，我们经常被鼓励设定目标。花点时间列出你的一些目标。然后，思考一下你的目标是属于自尊还是属于自我同情的范围，圈一个答案。

1._____   自尊   自我同情

2._____   自尊   自我同情

3._____   自尊   自我同情

4._____   自尊   自我同情

大多数目标——组建团队、创造纪录、赢得冠军——取决于我们无法控制的外部因素和特定结果。因此，目标属于成功或失败、赢或输的范畴——自尊的范畴。相反，意图是内部的，在我们的控制之内，并且它形容过程而不是结果。因为意图是关乎过程的，所以它不太可能涉及成功或失败、胜或负，以及更好或更坏的想法。因此，意图使我们超越了自尊的领域，超越了自我同情的需要，从而真正地投入比赛。

以下的内容说明了目标和意图之间的区别。布兰迪·查斯顿描述了她的比赛方式，而不是针对特定结果设定目标，例如进球数。她说她的意图是以下内容。

与团队更好地沟通；改进我的左脚外脚背技术；进行更多的跑动以在进攻中取得有利位置；抢断时要更强硬，重心更低以保持平衡……虽然输赢并不总是在我的掌控之中，但我知道尽可能多地利用我的经验是我的责任。（Chastain，2004，132）

请注意，她的首要意图是与团队沟通，这是我们将在"神奇比例和加满情绪油箱"（见第 14 章）和"正念交流"（见第 10 章和第 14 章）中涉及的话题。

吉姆·阿弗莱莫在《通往卓越之路：像冠军一样思考、感受和行动》中说明了由自我和目标而不是精通和意图驱动之间的区别。

以自我为导向（目标导向）的学生和运动员可能过分关注自己在场上的统计数据（例如击球平均值）和课堂上的平均学分绩点。这种倾向与高水平的焦虑有关，并且面对失败或挫折时会灰心，因为动机主要取决于外部因素，例如其他人的意见。

此外，自我导向的运动员在实现自己的最高目标后可能会产生一种压倒性的空虚感，因为他们在错误的地方寻找自己的幸福。相比之下，以掌握技能（意图）为导向来完成任务的学生和运动员主要受到内在奖励的激励，例如对运动的热爱以及对成长和发展的追求。（Afremow，2013，92）

成为一名竞技运动员意味着你可能做一些与众不同的事情。你花几个小时来训练、吃营养食品、早睡等。本章还为你提供了三个方法以帮助你达到最佳表现，并在运动和生活中找到流畅——创立错误仪式、练习自我同情和设定意图。

给自己一份正念的礼物

我们是人，我们会犯错。正是我们对这些错误的反应决定了我们与自己和他人关系的质量。所以下次你在训练或比赛中犯错误的时候，请用你的错误仪式，有幽默感地给予自己同情，把注意力放在当下。然后，花时间了解你能做什么，并为即将到来的练习和比赛设定你的意图。练习这些不仅有助于你掌握运动技能，而且能培养你富有同情心地从错误中恢复过来并从中吸取教训的能力，也有助于你在学校、工作、人际关系以及整个生活中进步。

在接下来的一周左右。

- 选择或创立错误仪式；
- 练习自我同情；
- 在比赛中不断学习，从胜利和失败中吸取经验教训；
- 设定意图。

第 10 章
成为真正的队友

当你是团队的一员时，你要为队友挺身而出，你要对他们真诚。无论顺境逆境，你都要保护他们，因为他们也同样会对你如此。

——约吉·贝拉（Yogi Berra），棒球运动员，教练，21 届世界系列赛经理

前面几章所练习的许多技巧可能帮助你拉近与队友之间的关系，这种关系的改善有助于提升团队的表现。使用正念技巧来与队友互动也提供了一个很好的机会来回顾我们到目前为止所学的许多东西。你也可以用同样的方式来改善与朋友、家人、恋人、同学、室友、教练、老师、同事、老板以及员工的关系。大多数人发现当他们用心交流时，他们的生活就少了很多偶然性，他们更集中、更专注于他们所热爱的事情。

以下引用乔治·约曼·波科克（George Yoeman Pocock）的话，他是美国传奇造船大师，也是 1936 年奥运会美国赛艇队的非官方心理顾问，被称为"激流男孩"，下面这段话表达了这一章的主旨：

（波科克）建议乔（Joe，团队中的一名桨手）把一场胜利的赛艇比赛看作是一场交响乐，而自己只是乐队中的一员。如果管弦乐队中有一个人演奏走调了，或者节奏乱了，那整首曲子自然就被毁了。划船也同样如此，比起一个人划得努力，他在船上做的每件事与队友当时正做的事协调更重要。一个人只有敞开心扉，才能与他的队友融洽相处。他必须关注他的队友。他必须全身心地投入划船和与队友的沟通中去，即使这意味着他的感情会受到伤害。（Brown，D. J. 2013, 134）

波科克向乔强调说："即使你不喜欢船上的某一个船员……你也必须学会去喜欢他。对你而言，重要的是他是否赢得了竞赛，而不只是你是否赢了"（Brown，D. J. 2013, 134）。学会喜欢并且和所有队友一起工作是你和他们成为真正的队友的本质。

练习：加满队友的情绪油箱

吉姆·汤普森在《提升游戏：成为具有三重影响力的竞争者》一书中提到了一个简单且有意义的加满情绪油箱的练习——真诚给予感激、鼓励和支持。让这个练习效

果更好的方法就是：将其当作一个正念练习，也就是有意识地运用你友善和好奇的全部的注意力。

2015 年女子足球世界杯半决赛是一个很好的例子。美国队后卫朱莉·约翰斯顿（Julie Johnston）将球回传给守门员霍普·索洛（Hope Solo）。德国队中锋亚历山德拉·波普（Alexandra Popp）抢断了这个球并朝着球门方向前进。约翰斯顿将波普在禁区推倒造成犯规，拿到了一张黄牌并且给了对手一次点球的机会。七名队友安慰她一切都会好起来，无论点球结果如何，一切都会好起来（Litman，2015）。在关键时刻，约翰斯顿的队友及时加满了她的情绪油箱，帮助她找回了比赛状态。波普的点球未能命中，最终美国队以 2 ∶ 0 赢得比赛。

如果你真心地想要成为一名领导者，你可以参与进阶的情绪油箱加注活动。从你开始阅读这本书以来，你一直在练习将你的友善和好奇的注意力放到身体感觉、思想、情绪、反应和选择上。现在当你吝啬你的支持与感激时，当你只是在拍马屁时，当你提供了真诚的鼓励与欣赏时，你可以使用这项技术友善和好奇地予以关注。

列出那些你经常给予鼓励的队友。

_____

_____

列出那些你吝啬给予鼓励的队友。

_____

_____

列出那些你保持中立的队友——不慷慨也不吝啬。

_____

_____

在接下来的几个星期，练习加满情绪油箱。整个赛季中每天或每周只关注一名队友、教练或者工作人员。在你的人际关系中，为队友加油可以确保你保持至少 5 次积极互动和 1 次消极互动的神奇比例（见第 5 章）。不要忘了通过积极扫描（见第 5 章）和对胜利的重新定义为自己加油。

就像你的身体技能，比如用你的非惯用手或脚投篮和带球一样，你觉得有些队友难以相处，你也很难慷慨以对是正常的。和身体技能一样，克服"队友"弱点是很重要的，用更多的精力去为那些你往往忽视或不喜欢的队友加注。带着友善和好奇，只要注意到你不得不为某个特别的队友加油时所遇到的任何阻力就可以了。通常吝啬和爱拍马屁源自嫉妒、不安全感、愤怒和恐惧。所以你能练习拥有这些情绪而不让这些情绪占有你吗？你能用心为每个队友的情绪油箱加油吗——尤其是那些在你的最喜欢名单中的队友？

有时候，你可能需要进行一场正念交流，消除误会，你才能流畅自如地为某些队友加油。如何进行这种正念交流将在后面的章节讨论。

记住，当真正的嫉妒、不安全感、愤怒和恐惧在内心深处涌动时，没有一个团队可以表现出最佳状态。帕特·萨米特（Pat Summitt），田纳西大学的前女子篮球教练，获得过 8 次 NCAA 冠军，NCAA 历史上最常胜的篮球教练，写道："有了态度，你可以决定你自己的表现。但更重要的是，你可以帮助决定其他人的表现。一个拥有强烈积极态度的独立个体可以帮助周围的人提升。她可以改变事件的进程"（Summitt and Jenkins，1998）。

教练须知

情绪油箱加注练习可以形式化，你可以创建一个为期一周的简单轮换机制，安排每个队员为另一个队员加油一周。确保你创建的轮换机制可以保证每个队员都能为其他队员的情绪油箱加注。对于一个大的团队，例如橄榄球队，你可以在每个子团队（进攻团队和防守团队）内部进行轮换。

基本概念：解读心理和情绪比赛

许多运动员将"解读比赛"的概念应用到他们的运动项目中。通常是指身体层面的比赛的解读——你的空位队友在哪里？你的对手在哪里？你能预测传球的轨迹吗？你能掩护后卫来创造空间吗？虽然解读身体比赛是至关重要的，但解读心理和情绪比赛同样重要。是否有队友变得焦躁不安，准备大打出手？是否有队友开始情绪低落，并离开他所在的位置？说句友善的话，拍拍对方的背，或者提出一个比如"甩掉它"的具体建议，这将会有帮助吗？

你可以进一步探索这个概念，去解读冰上、球场或运动场上的比赛。也许你知道某个队友在家里或在学校度过了一段艰难的时光，经历了一次分手，或者正在处理伤病。如果他想要找人交谈或者只是想冷静一下，也许你可以让他知道你一直都支持他并陪在他身边。更好的方法是，邀请他一起出去玩，或者随便吃点东西。获得 5 次 NBA 总冠军和 18 次全明星球员的科比·布莱恩特（前美国职业篮球运动员）指出。

作为一个领导者，赢得总冠军需了解其他人以及他们正经历的事……当你了解了这些，你可以更好地与他们沟通，并让他们达到最佳状态。让他们达到最佳状态并不是把球传给他们，或者给他们空位投篮，而是与他们联系，同他们沟通，以便他能够解决他们可能面临的问题。这是一件非常困难的事情。（Holmes，2015）

为了感受到向队友提供这种支持的力量，写一个示例会有所帮助。下面，请简短描写一个你曾经陷入挣扎并且有一个队友向你伸出援手的时刻。要写出那种友善对你的意义。

_____

_____

_____

_____

_____

基本概念：情绪波动理论

在第 6 章中，我们学习了基本的情绪理论，并进行了观察情绪波动的练习。在生活中，我们的情绪波频繁地与别人的情绪波结合在一起。事实上，在日常生活中的大多数情况下，比如团队、朋友或家庭中发生的情况，许多不同的情绪波可以同时发生。

在物理学中，当两个大波同时达到峰值时，它们会产生一个非常大、非常强的波，这就是所谓的相长干涉（constructive interference）。当大波浪遇到平滑的水面，或者大波浪与水槽结合，大波浪被中和，形成平静的水面，这就是所谓的相消干涉（destructive interference）。有时候事情并非那么简单，不同波浪的组合会产生所谓的混合干涉（mixed interference）。

下面是这些波浪组合的一些非常基本的视觉表示。在前两幅图片中，左边的每条线代表一个人在互动中的情绪，右边的线显示了组合波的高度。

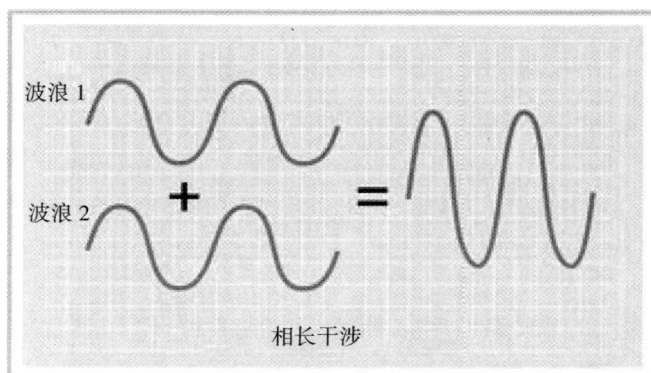

波浪 1

波浪 2

相长干涉

你能回忆起某个人，甚至是你，经历了一场大波动，然后另一个或几个人加入了这场大波动，随后产生了团队性海啸吗？团队性海啸最具戏剧性的例子就是清场时的斗殴。

_____

_____

_____

_____

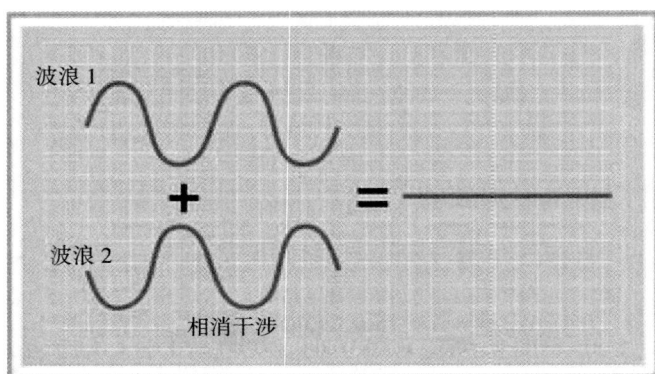

你能回忆起某个人，甚至是你，经历了一场大波动，然后另一个或几个人，添加了一个平静的水槽吗？朱莉·约翰斯顿队友的支持在前文有介绍，这是一个很好的例子，她的队友既加满了她的情绪油箱，又在困难时刻增加了平静而不是混乱。

_____

_____

_____

_____

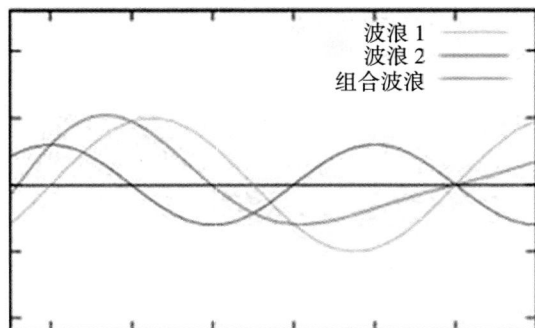

你能回忆起某个人，甚至是你，经历了一场大波动，不同的人添加了大波和平滑水面的各种组合吗？在运动中混合干涉的一个常见例子就是，个别团队成员对教练队伍的变化做出主动反应或被动回应的时候。往往有些人非常沮丧，而另一些人则会尽量从中吸取教训并继续前进。

更复杂的是，一个人可能在同一时间有不止一个情绪波动，而且在一个特定的情况下可能涉及多个人。当你下一次处在激烈争论或意见不合之中的时候，考虑一下这个问题。至少，当我们意识到我们正处于情绪的海啸中，我们可以转移到更高的地方，让它的强度慢慢降低。

这些情绪波动的例子并不意味着你永远不会心烦意乱，也不意味着你总能让情绪变得平静下来。学会对你的情绪波动和他人的情绪波动主动反应，确实可以改变比赛。想想 2015 年女足世界杯半决赛美国对阵德国时，如果在朱莉·约翰斯顿失误以及由此给德国队带来机会之后，所有的美国球员都被绝望、怀疑或愤怒的情绪所压倒，那么可能会发生什么。处理令人沮丧的情况的一个巧妙的方法是练习正念交流，下一节将对此进行描述。

活动：正念交流

有时，我们会对队友、教练、家人或朋友感到极度愤怒、悲伤、失望或沮丧。在头脑发热的时候，在情绪不应期的高峰，一时激动之下我们常常会做出身体反应并且脱口而出严重的脏话。如果和我们正在互动的人做了同样的事情，我们很快就会发现自己被卷入被动回应的巨浪中，和对方淹没在海啸中。在体育运动和日常生活中，重要的是找到一个建设性的方式来解决困难。开始这项活动，你需要慢慢地深呼吸，让自己平静下来。然后，记住你这周已经遇到（或避免）的困难——一个问题或与队友、教练、朋友、家人、老师、同事或其他人的一次讨论。一旦你对那次互动有了清晰的记忆，请在本活动结束时的工作表的开始部分对它进行描述。

技巧沟通的第一步是问自己："我当时的感受如何？我想要什么？"尽你最大的努力做真实的自己，把答案写在最上面的泡泡里。用几个简单的词或短语来总结也可以。有时这些问题的答案会快速而清晰地出现。在其他时候则需要放慢脚步，真正倾听对你来说什么是真实的。在进行下一步之前，承认你的真实感受和愿望是很重要的。

第二步是考虑对方的感受和需要。这是我们经常想要跳过的步骤。然而，如果没有这一步，即使不是不可能，也往往很难做到良性沟通并获取解决方案。所以，花几分钟的时间，放下你的感受和想要的东西，认真考虑对方的感受和想要的东西。当你真正了解到别人的体会时，在中间的泡泡里用几个简短的词或短语对它进行描述。

现在你对自己和对方的感受和需求有了更深刻的理解，第三步是考虑你如何走出这个困境。你会选择什么不同的道路呢？有没有你忽略的创造性解决方案？如果你有一些想法，把它们写在最下面的泡泡里。如果你觉得被困住了，可以考虑和朋友或信任的顾问谈谈可能的解决办法。

你可能会想，忘了这些吧！我不在乎。然而，如果你曾经或仍然心烦意乱，很可能你确实仍然在乎这些。也许你只在乎你想要的东西，其实这完全正常。或者你关心和你争吵的那个人。或者，就像大多数的情况一样，两者你都关心。

在困难的互动中，诚实地对待自己的情绪和欲望，并考虑别人的情绪和欲望，有助于我们友善地对待自己和正在与我们相处的人。有时候只有在事实发生之后，我们才能做到这一点，而有时，如果我们真的在做正念练习，我们可以慢下来，实时地完成这个过程。如果当时事情已经失控，你可能需要走开，冷静下来，或者深吸一口气，然后重新开始——暂停一下，在你的脑海和心中过一遍上述的步骤，然后说一些类似的话："嘿，我们开了个不好的头。我们能重新开始吗？我正在尽我最大的努力和你分享什么对我来说很重要，也在听什么对你来说很重要，这样我们就可以想出一些对我们双方都有用的东西。我们能慢下来再试一次吗？"

当你继续练习正念交流时，尽量不要匆忙地进行。真正花时间去理解对你和对另一个人来说什么是真实的。例如，如果一个队友在一场比赛中对你大喊大叫，你可能会假装不在乎。然而，你的真实情况可能是：我感到生气和压力，当他对我大喊大叫时我发挥不好。有时候，承认你的真实感受和想法是脆弱或可怕的，即使你只对自己承认。

当你花时间去理解什么是真实时，你可能会惊讶于你的发现。你可能会意识到，尽管你不喜欢你队友的语气，但他只是想帮忙，或者他对你的传球或投篮的评价是准确的。你可能会意识到他没有安全感，你可以提供一些支持和加注情绪油箱。或者你可能会发现如果球队要表现得最好，有一些更深层次的问题需要被解决。

即使你不喜欢你发现的东西，承认你和对方的所感、所想也会为你的选择提供你需要的信息。例如，如果你意识到你队友的评价是准确的，你可能会说，"你知道，关于那个传球你是对的，很抱歉我生你的气了，如果你以一种帮助的语气提供具体建议我会打得更好一些。"或者如果你发现他感到压力或者没安全感，你可以说，"嘿，你今天看起来过得有点糟糕。坚持住！"

正念交流

困难：_____

我的感受、我想要的

他人的感受、他人想要的

可能的解决方法

基本概念：接受——你不可能总是得到你想要的

特别是在交流困难的时候，记住这一点是有帮助的：尽管我们都希望得到生活中想要的一切，但现实是我们不能。我不能总是得到我想要的，你不可能总是得到你想要的，别人也不可能总是得到他们想要的。当然，有时候妥协是不明智的，但总还有些时候没有办法让每个人都满意。在这些情况下，最好是停下来，认真倾听对你来说什么是真实的。在某些情况下，你可能会意识到你认为你所想要的并不是你真正想要的；在其他情况下，你可以通过接受事物原本的样子来找到平静的方法。记住，痛苦 = 疼痛 × 抗拒。

我们越少抗拒，或者我们越能接受事物原本的样子，我们就会越快乐——或者至少我们会更明智。当我们知道名单已经确定，或者有人仍然是队友而不是朋友的时候，我们可以花足够多的时间去悲伤和恢复，然后继续前进。记住，接受并不意味着放弃；它意味着承认事物原本的样子，然后发现你的明智又快乐的下一步。有时候我们无法改变外部环境，所以我们唯一的选择就是改变内部（我们关于这个情境的想法和"故事"）。

练习：如果你发现了它，你就得到了它

"如果你发现了它，你就得到了它"这句话来自 12 步程序 [广泛应用于帮助不良嗜好（酗酒、赌博、吸毒等）戒断的互助程序，存在多种版本]，它反映了关于人类的一个基本真理：我们的沮丧大部分来自我们对人的判断和"故事"。所以，确保你在这本书上写的东西不会分享给任何人，找个时间休息一下，然后依次和你的每个队友"坐在一起"。慢慢地把每个队友带入你的脑海和心中。然后带着友善和好奇，注意你对他们每一个人的想法和感觉。保持诚实。你对自己越真实，你就会学到越多。在下面的工作表中写下你对每个队友的一两个想法和感觉。

这里要再次强调，如果你们整个团队都在使用这本书，你们需要都承诺尊重彼此的隐私；每个人都同意，如果他们碰巧拿到了别人的书，会在不打开这本书的情况下归还给它的主人。这是一个信任的问题。信任是团队合作的基本要素。另外，注意你是否想要和其他队友分享你对某个队友的想法，或者让你的队友分享他们的想法。然后选择诚信——选择把你的想法留给自己，选择不制造和传播流言蜚语。你会为你所做的感到高兴。

如果你发现了它，你就得到了它

队友	想法	感觉

现在停下来，深呼吸。还记得第 5 章的"九点谜题"和"跳出框架思考"吗？你为你的队友写下的想法和感觉代表着你把他们放进了特定的框架。因此，本周看看你是否能注意到你的队友，特别是那些你难以相处的队友，在你为他们创建的框架之外的行为方式——例如，当"球霸"（指在球场上不爱传球，习惯单打独斗的球员）实际上传了一个很好的球（这是一个为他的情绪油箱加油的机会），或者你"冷漠的"队友还有些尖刻。再次记住这点是很有用的：所有人（包括我们自己）都比我们设置的简单的框架要复杂得多。

现在你可以尝试一种极其高级、高度困难的正念练习。深吸一口气，将自己安置于宁静之地。然后把你友善和好奇的关注带到你对自己名单上的第一个队友的想法和感觉上。想想你为这个队友写了什么。现在要意识到无论你为队友写了什么，无论是积极的、消极的，还是中立的，你都有与他或她相同的品质。对我们中的一些人来说，我们分享的是积极的品质。如果我们中的一些人缺乏安全感，可能会不相信自己拥有这些积极的品质。而我们中的大多数人都不愿意相信自己拥有消极的品质。

然而，如果我们无畏坦诚，我们会意识到自己绝对拥有为每个队友列出的所有品质。如果你认为没有，你就是在欺骗自己。例如，这人是一个"球霸"的想法只会出现在我也想要支配球的时候。如果我在无球的时候想要球，这种想法就使我变成了一个"球霸"。从心理上来说，我甚至霸占了一个我没有的球。如果我所想的全都是把球传给我，我很可能错过了比赛的其他关键因素。同样，只有当我冷漠到注意到她的冷漠时，我才会想她很冷漠。

在接下来的一周或一个月里，勇敢地看看你为队友设置的框架，并勇敢地找到你与之相同的行为方式。如果我们有决心，全力以赴地做这个练习，我们会发现，我们与那些我们批判得最厉害的人有同样的最令我们烦恼的习惯和行为。

2016 年里约热内卢奥运会上的两名运动员为这一原则提供了对比鲜明的例子。虽然这些例子涉及竞争对手而不是队友，但它们会帮助你理解这个观点。美国女足在四分之一决赛中输给瑞典后，霍普·索洛称瑞典球员是"一群懦夫"（Wyshynski，2016）。

你看得出她的话反映出来她多么懦弱吗？

相反，在奥运会沙滩排球比赛中取得 26 场胜利后，当克里·沃尔什·詹宁斯（Kerri Walsh Jennings，美国沙滩排球运动员）在半决赛中输给巴西时，她为失利负起了责任，并赞扬她的对手说："今晚，她们的表现非常好。"

你能看到她（詹宁斯）在那样的情境中是如何表现的吗？

　　无论我们发现了什么，因此得到了什么，记住我们都在尽力而为将是有益的。我们是人。我们是伟大的。我们有缺陷。当我们能够将这些同时存在的真理铭记于心，我们就能对自己和别人富有怜悯之心。如果你发现进阶的"如果你发现了它，你就得到了它"练习令人困惑，或者超出了你目前的能力，你可以进行基础练习，以后再回到这项练习。

教练须知

　　让你的团队完成和提交"如果你发现了它，你就得到了它"的工作表是非常有用的。创建一个让运动员完全匿名并且完全诚实的运作机制是至关重要的。这种练习可以揭示无形的模式和互动——例如，说不出来的怨恨，一个每个人都感到亲切并且受欢迎的运动员，或者一两个被非议、排斥或欺凌的运动员。如果你愿意改进这个游戏，你可以在表格上加入你的名字和教练团队的名字，你可能会了解到队员们关于你的教练风格和教练团队的反应。

基本概念：同情心

　　在第 9 章中，我们学习和练习了自我同情。根据我的经验，练习自我同情有助于我对别人更富有同情心，练习对别人富有同情心有助于我对自己更富有同情心。记住，你的队友和你一样，花费了很多时间练习，想要表现得更好，他们是人，会经常感到没有安全感和嫉妒，有其他压力（来自学校、工作、家庭、朋友），也正努力做到最好，也会犯错误，犯错时会感觉很糟糕。

　　同情心意味着觉察到他人的痛苦，并希望他从这种痛苦之中解脱出来。一个友善的词、一个小小的手势都会是莫大的安慰；你不需要做其他任何事。只需要觉察到他的痛苦并希望他从中解脱就足够了。同情心本身就是很重要和有意义的，给予队友同情往往会有额外的好处。当你承认队友的人性和痛苦时，你就不会去评判和批评他，这有助于你在比赛中保持清醒。当你给予他同情时，即使你只是默默地表达友善的想法，他也会减少压力，更专注于当下，更能达到他的最佳状态。最后但同样重要的是，当你练习给予同情，并且你的团队以同情为核心价值时，在你遇到困难时，你更有可能得到他人的同情。最终，一种同情的文化会让每个人感到更自在并找到流畅状态。

如果你认为同情心只属于懦夫，认为获胜的运动员都是坚强的"男子汉"，那么是时候提醒你同情是金州勇士队的核心价值之一了。2016年金州勇士队打破NBA季前赛的连胜纪录之前，助理教练卢克·沃尔顿（Luke Walton）发表了以下评论。

第一个（核心价值），也是最重要的一个可能是快乐……打得开心。这是一个漫长的赛季，这场比赛注定是有趣的。

有正念。富有同情心——对彼此和对篮球运动都如此，然后是比赛。

当我们做到这四件事时，我们不仅坚不可摧，而且我们会看得很开心，我们的训练很开心，我们在一起很开心。（Kawakami，2015）

练习：友善与同情心

友善和同情心的概念看起来可能有点抽象，你可能会惊讶地发现，你实际上可以练习和发展这些技能，就像你练习和发展你的运动技巧一样。这些都是进阶技能，学习它们和理解它们的价值需要时间。

所以让我们开始练习。从激烈的训练和比赛中抽出一段安静的时间，练习向自己、队友、教练，以及向裁判员，还有你的对手表示友善和同情心。虽然这听起来很疯狂，但我还是鼓励你试试看。

也许你可以开始得非常简单，晚上躺在床上，为你自己和你的每个队友重复下面的短句。身处宁静之地，让关心、友善、爱填满你的心。通常，达到这种状态的最易行方法是回忆一个你感到被关心、接受、理解和爱的时刻。一旦你感觉到心中有一定程度（即使可能非常微弱）的关心、友善或爱——或三者的任何组合——那么你就可以用交替的方式简单地说出下面的短句，一次是为了你自己，一次是为了每个队友。从你已经感觉到关心、友善和爱的队友开始，然后，就像在力量训练中增加重量一样，向你觉得更有挑战性的队友前进，这将是很有帮助的。

愿我快乐。

愿我能专注并反应敏捷。

愿我能健康无伤。

愿我能愉快和流畅地训练和比赛。

愿克里斯（Chris）快乐。

愿克里斯能精力集中，反应敏捷。

愿克里斯能身体健康，没有伤病。

愿克里斯能愉快和流畅地训练和比赛。

当你重复这些短句时，把你友善而好奇的关注带到你的思想、情绪和身体感觉上。如果你感觉奇怪、不舒服，或者可笑，也没有关系。练习这种进阶技能就像改变你的网球握拍方式，或者改变你在游泳时的划水技巧，在你意识到这种新做法的好处之前，可能会有一段尴尬的时期。

就像加注情绪油箱一样，你可能会发现对有些人表达友善和同情是自然且容易的，而对另一些人则会具有挑战性。这和体能训练一样，难度较大的技能往往能带来较大的好处。所以坚持练习，看看会发生什么。

基本概念：慷慨

大多数人倾向于以自我为中心。当我们打球的时候，我们在想，把球传给我，我是无人防守的。如果我们能对人类的这种倾向坦诚相待，那是最好的。为了平衡我们对自己的普遍关注，我们可以练习慷慨。成功的团队依赖于合作和慷慨。你是否意识到并欣赏你的队友的慷慨，这种慷慨让你在比赛中达到最佳状态？借一双备用的袜子或一个包装袋，一句友善的话语，一个无私的传球，一个建设性的反馈，一段练习的时间。然后，就像瑜伽一样，你能温柔地、持续地伸展你的心，去变得更加慷慨——寻找空位球员，给予赞美，当你被媒体采访时感谢整个团队和教练队伍。

每个成功的团队都依赖于慷慨和自我牺牲。这里有一个不同寻常的例子，是公路自行车竞赛中的。在骑行过程中，一个骑手自我牺牲是很常见的——抓住一个突破口，在攀登的第一部分加速，或者领先冲刺——他完全筋疲力尽了，甚至不能完成比赛，只为了创造机会让队友取胜。在健康的团队中，每个骑手都知道自己的角色，也知道当机会出现时，他的队友同样也会慷慨地给予回报。

想象一下，如果在一个团队中，每个人都践行慷慨，那会是什么感觉。现在，成为在团队中创造流畅状态的人吧。

活动：慷慨

为了做到慷慨，当我们吝啬的时候，我们必须首先承认。

你什么时候最有可能吝啬？

下面列出的处境和情绪可能会让我们以吝啬的方式感受和行动。圈出你知道的那些适用于你的，并自由添加其他。

吝啬的情境：

紧张不安的　　　　　　　　夏令营

不安全的　　冠军

在学校的问题

高期望的　　　　　生气

选拔赛　　在家的问题

工作中的问题　　伤后复出

自我怀疑　　特殊的粉丝

记住，有时我们都是吝啬的；把我们友善和好奇的关注带到我们倾向于吝啬的情境中，可以让我们选择自己的行为。

此外，练习慷慨并不意味着你总是必须传球和放弃投篮。慷慨练习只是一种平衡方式，用来平衡人类永远以自我为中心的习惯和凡事都与"主我""客我"和"我的"有关的倾向。

基本概念：包容

不幸的是，在许多球队，从最年轻的青年队到 NFL，都有一种隐藏的，或者在某些情况下非常明显的关系欺凌的文化。关系欺凌包括排斥、调侃、传播谣言、泄露秘密、搞小团体、背后中伤、无视、言语侮辱和使用充满敌意的肢体语言。我相信你已经意识到，这些行为使得球员个人，甚至整支球队都无法达到最佳状态。

"加满队友的情绪油箱""如果你发现了它，你就得到了它""友善与同情心"等练习给你提供了关于你可能会排斥不友善的队友的宝贵信息。更重要的是，这些练习将帮助你创建一种包容的团队文化。在这种文化中，团队中的每一个球员都会感到被关爱，因此能够达到他或她的最佳状态，并找到流畅状态。奥运会和世界杯足球冠军布兰迪·查斯顿写道："你必须找到一种使你与他人的关系变得积极的方法，让团队中的每个人都参与进来。倾向于被我们亲近的人吸引是可以的，只要我们不排斥任何人"（Chastain，2004，68）。

运动队中的关系欺凌是一种真正的流行病，会对所有相关人员产生严重的长期负面影响——受害者、旁观者，甚至欺凌者。如果你的团队中发生了这种极其有害的问题，那么解决它是至关重要的。这个话题在第 14 章中的"反思：倾听整个团队"一节中有更详细的介绍。请利用这些资源，与你的教练和领队分享，如果需要，从主管教练、学校或联赛人员处获得支持。

基本概念：超越慷慨——成就彼此

当我们处于流畅状态时，我们是慷慨的。或者，也许更准确地说，我们超越了一个单独的你和一个单独的我的想法，超越了慷慨和自私。我们只是意识到或感觉到当下需要什么。我们不考虑自己或我们的队友——"她"在空位上，"我"将传给她。实际上，我们根本没在思考，而是让比赛来决定。

在 2016 年的新闻发布会上，达拉斯牛仔队长期担任首发的四分卫托尼·罗莫（Tony Romo，橄榄球运动员）对他的新接班人给予了一种绝对令人惊讶的超越慷慨的支持。他拥有自己的感觉而不是被感觉所占有，他接受了现实并选择成为一个非凡的队友，在他心痛地说达克·普雷斯科特（Dak Prescott）已经赢得了成为我们四分卫的权利时。

尽管这对我来说很难说出口，但他确实赢得了这个权利……

如果你有那么一秒觉得我不想参加比赛，那么你可能从来未体验过比赛和胜利的狂喜……这并没有离开我。事实上，现在可能比以往任何时候都强烈……

我曾经是那个站出来并且一定要证明自己的孩子……但如果我记得那时，那些在我年轻的时候帮助我的人，如果我可以成为达克心中那样的人，我将会努力成为那个人，我也会成为不断向前迈进的那个人。（Orr，2016）

练习：原谅他人

我们中的许多人对什么是原谅有着固定的想法：何时、何地、如何给予原谅，以及应该或者不应该原谅。原谅的一个简单定义是放弃怨恨。作为运动员，作为人类，我们原谅别人出于两个原因：第一，这样我们就能在赛场内外和他们一起有效地工作；第二，这样可以让我们的心灵不会受到源于批判、怨恨、愤怒的负担，解放我们的心和思想，帮助我们活在当下，并找到流畅的状态。

原谅并不意味着忘记，或者认为发生的一切都是好的。这仅仅意味着我们认识到"我们都是人，都会犯错误，为了自己的福祉，我们选择释放过去的重量，而不是把它们带到现在"。

如果你觉得有人冤枉了你或伤害了你，那就在宁静之地休息片刻，把这个人和伤害带到脑海里。然后在下面填空，并默念句子或者大声说出来。

[人名] _____

[具体的行为] _____

_____ 这给我带来了伤害，我原谅你。

如果你一直在做这本书中的练习，你可能基本掌握了正念技巧，你可以简单地观察当你练习原谅时产生的想法和情绪。注意你是否在想我不会原谅他，你是否感到心里难受和堵塞，或者相反，你是否感到一种微妙的轻松。记住原谅并不意味着你必须和他一起，和他共处一室，相信他，告诉他你的秘密，或者和他有任何联系。原谅只是意味着你承认发生了什么，并选择不让它吞噬你的内心。

如果你不愿意原谅，试着只原谅 1 分钟、5 分钟，或者下一次训练的期间，看看感觉如何。如果经过这个短暂的试验，你想继续拾起你的愤怒和怨恨，也未尝不可。记住你也犯过错误并且曾给别人造成伤害，也许会有帮助。当我认识到在我心烦意乱、嫉妒、感到不安全、愤怒、恐惧，或者身体或情感上受到伤害时——通常会对别人造成伤害时——我会更容易原谅别人。

《激流男孩》中的一段话表明了原谅，或者至少是接受，对一名运动员的价值。在文章中，一个桨手乔，向他的妻子解释为什么他对父母在他小的时候将他抛弃一事不生气。"我只是不明白你为什么不生气。"她说。"生气需要能量，"他回答，"生气会吞噬你的内心。我不能这样浪费我的精力，还期待着取得进步。当他们离开后，我用尽一切只是为了生存。现在我必须集中精力在划船上"（Brown，D. J. 2013, 134）。

正如一句谚语所说："怀着愤怒就像抓着一块火炭，你想把它扔向别人，结果被烧伤的是自己。"正如乔所说，我们练习原谅，这样就不会浪费精力，这样我们就可以保持专注，在运动和生活中找到流畅。

还需要提醒的是，原谅并不意味着你所原谅的行为是好的。如果某一种行为需要被原谅，那么它就是不友善的、有害的，甚至是残忍的。同样，你原谅某人并不意味着你不采取解决措施：与伤害你的人进行受严格监督的谈话；设定明确的预期；必要时，为你们之间的互动设定严格的限制；从教练、治疗师、管理机构或法律顾问那里获得支持。

练习：迈向慈悲的喜悦

慈悲的喜悦就是在别人的快乐中获得快乐。就像前面一节的原谅他人练习一样，慈悲的喜悦是一种进阶练习，在你掌握了基本能力——注意到失望和嫉妒，并与之成为朋友之后才可以做这个练习。通过减少你的抗拒来减少痛苦，并接受今天是别人的一天、一年、四年（至少在传统意义如此）。

在 2016 年澳大利亚网球公开赛上输给安杰莉克·克贝尔（Angelique Kerber）后，塞雷娜·威廉斯（Serena Williams）表现出了非同寻常的慈悲的喜悦。

我是真心为她感到快乐……

她今天打得很好。她有一种我认为很多人可以借鉴的态度：总是保持积极，永不放弃。

我真的很受启发。所以，老实说，如果我不能赢，我很高兴她赢了。（Gibbs，2016）

重要的是要知道，就像她的网球技巧一样，威廉斯花了几年的时间才偶尔达到这种程度的慈悲的喜悦。在她年轻的时候，她承认自己是一个输不起的人。

慈悲的喜悦是一种有价值的练习，因为它最终允许我们超越小自我，扩展我们的内心。你能致力于练习慈悲的喜悦吗？从小事做起。当你的队友出现在当地报纸上时，你能快乐吗？你能注意到嫉妒的冲动，然后为这个队友感到快乐吗？就像瑜伽和其他身体技巧一样，在你能承受的极限下练习，有需要的时候再后退。这是一种随着时间的推移而发展的技能。不要假装或强迫自己进步。

给自己一份正念的礼物

成为真正的队友需要练习，但成为一个优秀队友的相关技能很少被教导和训练。这一章介绍了支持你成为一个真正的队友，也许甚至是一个领导者的基本技能和进阶技能。这些技能是为了帮助你注意到人类以自我为中心、被动回应、主观评价、吝啬和拉帮结派的固有倾向，并有意识地用同情、慷慨、原谅和慈悲的喜悦平衡这些倾向。在本周、本月或这个赛季你可能需要反复回顾这一章，并选择其中的一两个概念或练习进行关注。

我将借用吉姆·阿弗莱莫《通往卓越之路：像冠军一样思考、感受和行动》一书中的话作为这一章的结尾：请反思关于你作为队友这一角色的三个问题（Afremow，2013，23）。

1. 我在做的什么事情伤害了我的团队？（我是否在训练中懈怠、抱怨？是否在背后谈论我的队友？）

_____

_____

_____

2. 我是否因没有做什么事情而伤害了我的团队？（我是否在比赛前做好了准备？是否在比赛中尽我最大的努力，接受我在球队中的角色，并祝贺队友的个人胜利？）

_____

_____

_____

3. 我将采取哪些具体的行动来成为一个更好的队友？（每场比赛都尽全力，在每场比赛中，在场上或场下为我的队友加油？）

_____

_____

_____

第 11 章
关键时刻、体育精神、诚实

体育不能塑造性格，它揭示性格。

——10 届 NCAA 冠军篮球教练约翰·伍登（John Wooden）

性格在我们的主动反应或被动回应中不时地显露出来。所以让我们从一个男孩在我的课程中分享的一个关于反应而不是回应的简单故事开始。我们当时正在讨论不愉快的事件，四年级学生迈克尔（Michael）报告说他的新猫咬伤了他，他想打猫。我问："打了吗？"他笑着回答："没有，但我差点儿就打它了。"作为一堂课，我们称为"关键时刻"。在剩下的 5 个星期的课程中，我们探索了其他关键时刻——不在家里打猫，不在操场上欺负人，不放弃一道困难的数学题，不再与朋友发生意见分歧时爆发等等。

作为一名运动员，你可能会面临比大多数人更具挑战性的关键时刻。例如：选择理性应对裁判的误判、对手的奚落、队友的"坏主意"或糟糕的行为；选择不去作弊以获得更好的成绩；选择不使用违禁药物；选择不进行无保护的性行为；选择不进行酒后驾驶；选择不参与或不允许欺凌；选择不参与或不允许虐待。

每天，报纸、体育杂志、社交媒体上都充斥着运动员在球场内外表现不佳的例子，比如兰斯·阿姆斯特朗（Lance Armstrong，美国职业自行车运动员）、马里昂·琼斯（Marion Jones，美国短跑名将，毕业于美国北卡罗来纳大学）和巴里·邦兹（Barry Bonds，美国职业棒球旧金山巨人队前球员）使用增强表现能力的药物，雷·赖斯（Ray Rice，美国职业棒球运动员）在电梯里殴打他的未婚妻。值得一提的是，赖斯表示了真诚的忏悔，赖斯也花了很多时间向运动员讲述防止家庭暴力的问题。但是，这种教育还远远不够。根据 NFL 的逮捕数据库，2000 年至 2015 年有 812 名球员因袭击、殴打、家庭暴力、吸毒和危险驾驶而被捕。如果这些运动员在四年级的时候就学会了正念，那么这些运动员以及相关人员的生活会不会有所不同？如果他们受过训练，以友善、好奇的眼光探索他们的思想和感受，然后在困难时刻做出主动反应而不是被动回应，会怎么样？我们永远不会知道会发生什么，但也许会有更多的赛后微笑着的采访，更少的被捕后的面部照片和法庭案件。当被问及某个具有挑战性的时刻时，也许他们会微笑着说："没有，但我差点儿就做了。"

重要的是要意识到，你在团队中的地位、奖学金、职业生涯、赞助和退役后的机会取决于你做出明智的选择的能力，并在所有的"关键时刻"走上的不同道路。每次你选择是否饮酒或使用药物的时候，都是一个关键时刻。而且饮酒或使用药物肯定会使你在接下来的关键时刻做出令你后悔的事情的风险增加。

只需问一下奥运会游泳选手瑞安·洛赫特（Ryan Lochte，美国全能游泳运动员）就知道了，他曾经在数个关键时刻喝醉，破坏了公共卫生间，对此撒谎，随后被停赛十个月，并被赞助商解约。

基本概念：尊重与诚实

虽然有很多运动员做出了糟糕选择，但幸运的是，有很多运动员选择诚实的行为，并在关键时刻尊重比赛。在 2016 年通向澳大利亚公开赛的霍普曼杯（澳大利亚网球公开赛的预热赛）比赛中，裁判宣布澳大利亚网球运动员莱顿·休伊特（Lleyton Hewitt）的发球出界。休伊特接受了这一判罚，并开始准备二发，但他的对手杰克·佐克（Jack Sock，美国网球运动员）阻止了他："如果你想质疑，它是一个界内球。"休伊特对佐克的承认感到惊讶。当发球回放显示球确实在界内时，观众为佐克展示的诚实鼓掌（Scott，2016）。

正如约翰·伍登在他的声明中所指出的那样，"体育不能塑造性格，它揭示性格"（Wooden and Reger，2002，65）。当我们以诚实的态度行事时，我们表现出对自己、教练、队友、对手、球迷（特别是年轻人）和比赛的尊重。选择诚信让我们问心无愧，问心无愧让我们处于流畅状态，表现最佳。相反，当我们作弊时，我们的心和思想都有负担。因此不可能找到流畅，我们的"胜利"也是肮脏和空洞的。

基本概念：没人看的时候

在刚才迈克尔的课堂上，关于关键时刻的讨论转移到关于当我们错过了关键时刻，做出被动回应，掉进"坑"里而被抓住并且经常受到惩罚的话题。这导致了一场关于有罪和有负罪感的讨论——即使我们没有做错什么。这次谈话促使我与小组分享了一个众所周知的故事。因为本书是关于体育的，所以我冒昧地修改了原来的故事。

从前，在一个大城市的中心，有一个著名的棒球项目。一天，负责这个项目的教练决定给他的球员上一课。他把他们聚集起来，说："正如你们所看到的，我正在慢慢变老。我再也不能像以前那样满足这个项目的需要了。我能想到的只有一件事可以避免我们的项目被结束。我们必须赢得冠军，要做到这一点，你们必须服用这些药，这将使你们更强壮，并帮助你们打得更远，没人知道这件事。你们必须在没有人看到的时候，在掩体后面服用这些药。在我们赢得冠军之后，我们将有足够的钱继续这个著名的项目。"

"但是教练，"球员们不相信地说，"你已经告诉我们，吃任何东西来提升我们的表现都是错误的。你告诉我们欺骗是错误的。"

"是的，我确实有，"老教练回答，"所以记住，你们不能被看到！如果有人看到你们，你们一定不能这么做！你们明白吗？"

球员们紧张地互相看了看。他们敬爱的教练失去理智了吗？"是的，教练。"他们平静地说。

"很好，"他说，"走吧，记住，千万不能被人看见！"球员们起身离开了球场。老教练慢慢地站起来，看着他们走。当他回到座位上时，他看到一个年轻人还静静地站在休息室里。"你为什么没有和其他人一起走？"他问道，"你不想拯救我们的项目吗？"

"我想的，教练，"球员平静地说，"但是你说我们必须吃药，不让人看见。我知道地球上没有不被人看见的地方，因为我总是能看见自己。"

"太好了！"教练大声赞道，"这正是我希望你和其他人能学到的教训，但你是唯一一个领悟它的人。在他们给我们惹出麻烦之前，跑去告诉你的队友。"这个年轻人跑去找到他的队友们，他们正紧张地聚集在球场外，试图做些什么。当他们回来时，教练把年轻人说的话告诉了他们，他们都明白了这一课。

这个故事与"坑"、关键时刻以及我们的行为选择有什么关系？

在关键时刻，当我们走向一个"坑"，我们的正念意识总能看到。它在静静地观看，如果我们停下来静听，它将给我们引导。（有关这一练习的进阶版本，请参阅第 12 章的"基本概念：警惕和成瘾行为"。）

练习： 在说话、发短信或发帖之前请思考！

说到回应和沟通，让我们来探讨一下在社交媒体上发短信和帖子。我知道的大多数运动员每天在社交媒体上发很多帖子。虽然社交媒体很适合用来与朋友保持联系，分享旅程，与整个世界快速沟通，但有时也会引发问题。以下来自美国南卫理公会大学橄榄球教练贾斯廷·斯特普（Justin Stepp）的一段话简洁地总结了在社交媒体上无意识发布信息的代价："今天看到了一个糟糕的社交媒体账户。真遗憾，这孩子是个很好的球员……继续下一个……理智点"（Stepp，2016）。正如斯特普教练的言论所表明的，在你说话、发短信、发帖之前，最好先思考（THINK）一下。

在你说之前：
THINK！

T（True）——是真的吗？

H（Helpful）——是有帮助的吗？

I（Inspiring）——是鼓舞人心的吗？

N（Necessary）——是必要的吗？

K（Kind）——是善意的吗？

我喜欢给 THINK 加一个感叹号。这是为了鼓励你停下来，在发帖之前考虑几个问题。

- 你想让朋友或队友发布一个关于你的评论、照片或视频吗？
- 你会因为你的母亲、奶奶、弟弟或妹妹、队友、教练、球探或赞助商看到你的评论、照片或视频而感到高兴吗？

在说话、发短信或发帖之前使用"THINK！"练习可以防止你把文字和图像放到你以后会后悔的世界里。

琳赛·沃恩（Lindsey Vonn），美国传奇的高山滑雪运动员，以艰难的方式吸取了这一教训。她的冲动行为，几乎使她失去了十年利润丰厚的滑雪运动和滑雪器材厂商的赞助。在一次世界杯比赛中，沃恩在一个回转时操作失误，把她所有的重量都放在她左边的滑雪板上，右边的滑雪板撞上了一个凸起物并脱落，导致沃恩摔倒了，她的臀部滑下了赛道，身上有瘀伤，但没有受很严重的伤。当时她公开指责设备故障导致她摔倒，用锤子砸坏了她的装备，并且在她的社交媒体上发布了她爆发情绪的视频，她的赞助商当然不会高兴。（我们将在本章"基本概念：承认错误、道歉和改正"这一节中再次提到这个故事。）

未来的教练希望看到那些对家庭、高中教练和教师表示爱和尊重的帖子，这些帖子表明"新成员不应该'太酷',以至于不愿意与为他们提供这么多东西的人交流",以及"表现出一定程度的感激"(Samuels,2016)。花点时间列出五个可能会给教练和球探留下深刻印象的帖子。在写够五个之前不要放弃。如果你在挣扎,请看下一章"优秀的习惯"中的节标题。

1._____

2._____

3._____

4._____

5._____

反思: 请思考! 对待别人的评论

在最近一次与一位年轻运动员的谈话中,我指出"THINK 首字母缩写词"也可以帮助我们选择如何回应他人的想法、评论等。当有人——一个队友、一个对手、一个家庭成员、一个粉丝、一个记者——评论你、你的能力或你的行为时,你要停下来问以下几个问题。

- 是真的吗?(请记住,我们越不喜欢或者越反感的反馈,就越有可能是真的。)
- 是有帮助的吗?(如果我们愿意听取,严谨的反馈会非常有帮助。)
- 是鼓舞人心的吗?
- 是必要的吗?
- 是善意的吗?

如果你不能确保以上五个问题中的至少三个是肯定的,那么你就可以简单地让这句话过去。MLB 的多项纪录创造球员肖恩·格林对回应他人的评论和批评提出了这一明智的思考:

寻找宁静之地……使我能够了解允许不断变化的外部世界支配我内心世界的陷阱。如果一个陌生人的观点真的可以改变我的压力水平、愤怒水平和整体幸福水平,那么谁在实际控制我的生活呢?(Green,2011,22)

基本概念: 承认错误、道歉和改正

即使我们在练习正念,我们也是人。人性使然,当我们被恐惧、愤怒、失望或嫉妒所压制时,我们有时会把事情搞砸,说出或做出让我们后悔的事情。这时我们所能做的最好的就是承认错误、道歉,并改正。

有趣的是，金牌级别的运动表现很少见，金牌水平的道歉更难找到。让我们回到琳赛·沃恩的故事中。在她快要丢掉赞助的情况下，在她的经纪人的帮助下，她发布了为她上传自己破坏滑雪板固定装置视频一事道歉的视频。

这是一个巨大的错误，源于我今天令人沮丧的比赛，但其并不反映 Head 比赛团队以及我参赛时使用的 Head 滑雪板和固定装置的性能。这些装备对我的成功都起了很大的作用。事实上，谢天谢地，我的绑带及时松开了，防止了可能的伤害……

我对自己感到失望……我应该知道得更清楚，我确实知道得更清楚，我只是让我的情绪得到了最好的发泄，我没有认真地思考 [THINK！]。如果得到正确的使用，社交媒体是一个伟大的平台，在此情况下，它没有被正确使用，我为此道歉，我不会再犯那个错误。

印第安纳步行者队的中锋罗伊·希伯特（Roy Hibbert，前美国职业篮球运动员）在发表了不当言论后，提供了道歉和改正的范例。

我为我们周六晚上战胜迈阿密之后在赛后新闻发布会上发表的麻木不仁的言论道歉。它们是无礼和冒犯的，并不是我个人观点的反映。我用了一个在无论是私人的还是公共的任何场合都不合适的俚语。我向那些我冒犯过的人、我们的球迷和印第安纳步行者队道歉。我对我昨晚的用词感到由衷的悔恨。（Buzinski，2013）

练习：道歉

真诚的道歉和改正需要练习。"承担责任（这里指为自己的行为及造成的后果负责，与承担外部责任有所不同）对个人成长以及球队成长都是至关重要的，"田纳西州大学女篮教练、八届 NCAA 冠军、NCAA 史上夺冠最多的篮球教练帕特·萨米特写道，"如果你从来没有错，你怎么能改进呢？如果你不承认一个错误并对此负责，你就一定会再次犯同样的错误"（Summitt and Jenkins，1998）。在这里暂停一下，考虑一下你认为一个真诚和衷心的道歉的根本品质是什么。

在你看下面的建议之前，把你的想法写在下面的横线上。

_____

_____

_____

_____

_____

道歉练习

以下是一个真实、真诚和有意义的道歉的核心要素。

1. 花点时间真正理解和感受你的作为或不作为，是如何造成伤害的。

2. 只有在道歉不会造成进一步伤害的时候，才当面道歉。

3. 及时道歉，最好是在你的错误被公开之前，或者至少是在此之后立即道歉。有无数运动员的例子，他们最初精心编造了故事，指责别人，并声称自己无罪，在事实曝光后，他们才承认自己的错误并道歉。

4. 真诚道歉，承担责任。说"对不起"，没有"如果""还有"或"但是"。

5. 具体：说出你所说或做的是如何造成伤害、错误或不尊重的，或者它是如何让比赛蒙羞的。

6. 表示悔恨。

7. 改正。尽你所能使错误得到纠正。

8. 做得更好："当我们更好地知道时，我们做得更好"，玛雅·安杰卢（Maya Angelou，美国作家、诗人、剧作家、编辑、演员和教师）的说法表明，当我们承认并从错误中吸取教训时，我们可以做得更好。

现在是你练习的时候了。回想一下，也许是本周，也许是很久以前，有没有人需要你的道歉和补偿？

请选择：　　　　　　　　　　　　　　　　　　　　有　　没有

每当你犯错误时，你可以通过以下方式来进行道歉和改正。

我为我的＿＿＿＿＿＿＿＿＿＿＿＿＿＿＿＿＿＿＿＿＿感到真挚的歉意。

我知道我伤害了他，冒犯了他，让＿＿＿＿＿＿＿＿＿＿＿＿＿失望了。

我做错了，因为＿＿＿＿＿＿＿＿＿＿＿＿＿＿＿＿＿＿＿＿。

我会通过＿＿＿＿＿＿＿＿＿＿＿＿＿＿＿＿＿＿＿把它改正。

将来，我会＿＿＿＿＿＿＿＿＿＿＿＿＿＿＿＿＿＿＿＿＿。

练习：原谅自己和请求原谅

在第 9 章中，你创立了一个错误仪式，以便当你在训练和比赛中犯错误时使用。道歉和弥补相当于一种错误仪式，因为当我们不友好并对另一个人造成伤害时，一旦你承认了你的错误，承担了责任，吸取了教训，道歉了，并真正尽了最大的努力去改正，那么就是时候原谅自己并继续前进了。

正如你在"练习：原谅他人"一节中所学到的，原谅是一种你可以练习的技能。原谅自己并不意味着忘记，或者认为我们所做的一切都是好的。重复一遍：如果某一行为需要被原谅，那么它就是不友善的、有害的，甚至是残忍的。给予自己和他人原谅仅仅意味着我们认识到"我们都是人，我们都会犯错误，我们可以选择承担责任 [注意'反应'（respond）和'责任'（responsibility）有着相同的词根]，并从我们的错误中吸取教训"。实践原谅可以让我们在运动和生活中找到流畅状态。

如果你在做了严格的反省、道歉和改正之后，发现自己仍然在打击自己，你可以在宁静之地呼吸、休息，重复下面这句话。

我原谅自己想过的、说过的、做过的伤害了别人的事。

尽可能具体地说明你所想、所做以及对他人的看法。

我原谅我自己对尼克（Nick）和汤姆（Tom）说了脏话。

现在检查一下你自己。也许今天原谅自己的练习已经足够了。然而，如果你觉得有勇气并且愿意，你可以加大力度，默默地对自己说下面这句话。

尼克、汤姆，我请求你们原谅我跟你们说了脏话。

注意你在这个尝试过程中产生的想法和情绪。

记住，没有必要当面请求原谅。如果你想达到金牌水平，你可以当面向你伤害的人请求原谅。但如果你这样做了，重要的是要记住，他们如何回应并不重要。你可能会感到惊讶，简单地承认你造成的任何伤害，并谦卑地请求原谅，会给你带来怎样的自由。

给自己一份正念的礼物

与身体技能一样，本章和下面的章节中涉及的原谅和更高级的心理、情感、精神和社会关系技能有一个发展过程。就像体操动作中的团身后空翻、屈体后空翻、直体后空翻、团身后空翻两周一样，原谅自己、默默地请求原谅、当面请求原谅是一个渐进的复杂过程。这一过程是成为一个真正令人赞叹的队友、朋友、室友、兄弟、姐妹、女儿、儿子、女友、男友、妻子、丈夫、老板、员工所需要的。

在下周或更多的时间里进行以下练习。

* 在关键时刻做明智的选择；
* 在你说话、发短信或发帖之前请思考。

进行上述两项练习肯定会减少你进行下面这些练习的次数。

* 真诚、具体地道歉；

- 改正；
- 原谅自己；
- 请求原谅。

第 12 章
优秀的习惯

每一个人都是由自己一再重复的行为所铸造的。因而优秀不是一种行为，而是一种习惯。

——亚里士多德（Aristotle）

如前几章所述，直面挑战、为错误承担责任和在关键时刻做出主动反应，有助于我们养成优秀的习惯。在这一章中，我们将简要地回顾一些先前接触过的优秀习惯，并探索其他尚未涉及的习惯。每个习惯都涉及正念练习。例如，你可能想花一周或一个月来熟悉感恩、责任、准备、完成、快乐、恰当、体育精神、自由、警惕、谦卑和服务。与身体技能一样，这些进阶心理、情绪和精神技能也是逐步发展的。前几章为你提供了坚实的基础，现在是时候把你的技能提高到一个新的水平了。

练习：感恩

把注意力集中在消极方面是人类的本性，例如：我的落地不稳；她应该传球给我，我没人盯防；我应该有更多的比赛时间。当你发现自己陷入消极的内部对话中时，回归到接受（相对于抗拒）和积极扫描的练习中是有帮助的，这些练习共同为感恩练习奠定了坚实的基础。练习感恩能让我们专注于当下，让我们的心灵从消极的内心喋喋不休中解脱出来。感恩起作用的例子包括：我完成了除落地以外的所有动作；回传是个好主意；我得到了更多的比赛时间。

真正的感恩代表着一种心理、情感和精神上的掌握能力。使用单板滑雪来类比，接受就像在进行中等程度的滑行，积极扫描就像在单板滑雪 U 型池中进行基础操作，而真正的感恩就像在完整场地上进行比赛。真正的感恩意味着一种真心实意——就像你真的能在你的心里感受到它一样——对你所处环境的感恩。"能加入球队是一种荣幸。我很感激没有伤得更严重。"就像身体技巧一样，有时我们需要多年的练习才能养成这些"高度困难"的优秀习惯。因此，我鼓励你练习接受和积极扫描，即使在条件不太理想的情况下也努力加强一致性，来实现真正的感恩。

在每一天的练习之后，或者每晚睡前，你可以确认你真正感恩的五件事情。试着对小事、大事和你认为理所当然的事情都心存感恩。比如食物、住所、水、健康、队友、教练、父母、兄弟姐妹、训练设施、机会、对手（没有他们你就没有比赛）、裁判、观众、防护师、公共汽车司机、门卫、衣服、设备等。向奥运会和世界杯足球冠军布兰迪·查斯顿学习："我永远不想忘记这场比赛所给我的一切。我想沉浸在这种感恩中，让这种感恩永远活在我的心中"（Chastain，2004，190）。

活动：责任——没有借口

当事情不尽如人意时，我们可能会找借口，或者责怪他人。不幸的是，这个习惯让我们悬而不决，专注于我们无法控制的事情。我们可能会说："我今天心情不好"或者"教练总是挑选他喜欢的。"尽管这些说法可能是真的，也可能不是真的，但它们没有反映出我们对自己的表现承担全部责任的承诺。对自己的表现负全责才能让我们学习、提升和选择明智又快乐的下一步。当你回顾过去时，你本可以做些什么不同的事情来避免自己感觉状态不佳呢？是吃一顿营养丰富、更易消化的午餐，还是不在两场比赛的间隙逛商场？如果事实是教练选择了他喜欢的运动员上场比赛，那么他喜欢的那些运动员有什么技能和品质是你需要发展和培养的呢？

你最常用的三个借口是什么？

1.＿＿＿＿＿＿＿＿＿＿＿＿＿＿＿＿＿＿＿＿＿＿＿＿＿＿＿＿＿＿＿

2.＿＿＿＿＿＿＿＿＿＿＿＿＿＿＿＿＿＿＿＿＿＿＿＿＿＿＿＿＿＿＿

3.＿＿＿＿＿＿＿＿＿＿＿＿＿＿＿＿＿＿＿＿＿＿＿＿＿＿＿＿＿＿＿

对于以上每个借口，列出至少一个你可以采取的具体行动以进行主动反应和承担责任。

1.＿＿＿＿＿＿＿＿＿＿＿＿＿＿＿＿＿＿＿＿＿＿＿＿＿＿＿＿＿＿＿

2.＿＿＿＿＿＿＿＿＿＿＿＿＿＿＿＿＿＿＿＿＿＿＿＿＿＿＿＿＿＿＿

3.＿＿＿＿＿＿＿＿＿＿＿＿＿＿＿＿＿＿＿＿＿＿＿＿＿＿＿＿＿＿＿

基本概念：准备和灵活性——预料到意外

尽可能避免混乱。"snafu"（即前文中的混乱）一词来源于一个军事缩略词，意思是"情况还是一样，只是都乱了"。为了尽量减少出现混乱的可能性，控制你能控制的东西。如果你要到外地比赛，请计划好在比赛前几天就到达目的地。做一份装箱清单，并在离开前再三检查。带上你的主客场制服。如果你在户外比赛，要为各种天气条件做好准备。带上必要的衣服，包括赛前热身和赛后保暖的衣服。一定要带上你知道对你有好处的食物，比如一些高质量的能量棒或混合食物。你永远不知道你的飞机什么时候会晚点，或者你什么时候会堵车，没时间吃午饭。检查赛程安排以了解开始时间是否有变动。反复检查驾驶方向，并在你估计的驾驶时间外增加一点宽松的缓冲时间。在不太乐观的条件（劣质的地面、过高或过低的温度、嘈杂的环境）下练习。即使环境不理想，也要学会保持最佳状态。

我的朋友、斯坦福大学女子体操队的主教练克丽丝滕·史密斯（Kristen Smyth）让男子体操队在女运动员的日常训练中对她们大喊大叫，这是为不太理想的情况做准备的一个例子。你最好相信，当竞争对手的粉丝突然爆发出欢呼声时，这些年轻的女运动员知道如何保持镇静。

再举一个例子，以弗朗西丝卡（Francesca）为例，她是一位年轻的国家级跳水运动员，我从 2014 年开始与她共事。在 2016 年全国青少年双人跳水锦标赛上，她完美地展示了正念、准备和灵活性的精髓，在三天的比赛中，她与两个不同的伙伴在三个项目中进行了总共 64 个跳水动作！当你意识到她的两个伙伴有两种不同的体型、身高、体重、跳水风格和旋转速度时，这就更令人印象深刻了。这些差异要求弗朗西丝卡真正地专注于每一位伙伴，并与她们保持同步。在一封邮件中，她的母亲分享了下面这段话。

"今天下午，当我们在决赛前得知弗朗西丝卡的祖父今天早上去世时，正念练习特别有用。弗朗西丝卡非常震惊。我们谈了一会儿，然后一起躺下来休息（练习）。正念练习帮助她安定下来，集中注意力……谢谢你给了她这么多有用的工具。"

13 岁时，弗朗西丝卡选择了放松并且掌控自己的情绪，而不是被自己的情绪占有，并加以坚持。随后，她成为美国双人 10 米跳台和 3 米跳板的双料冠军。也许这一点会激励你加强你的正念练习，这样你就会发展出类似的沉着和适应力。请不要笼统地概括这个例子，或者错误地将它解释为当面对悲剧时，你"应该"做一些正念练习和"应该"继续比赛。相反，这是让你在宁静之地休息，与你的情感交友，然后尊重你的内在智慧的邀请，那才是真正对你和所有相关的人最好的。

记住，即使你已经尽了最大的努力做赛前准备，混乱仍有可能会发生；当混乱确实发生时，你可以平和地重温你面对挑战的技巧——幽默、灵活、镇定、信念。

你最担心的混乱情况是什么？

_____

_____

你能想象它或再现它，使你从中学会在最困难的情况下保持良好表现吗？

基本概念： 完成——不到最后一刻决不结束

体育文化中充满了格言，比如"比赛到终场哨声响起"，这句话强调了完成比赛的技巧。还有数以百计的例子表明，本有获胜可能的人因为过早地庆祝，却在最后决定性的一回合中被反超或在终点线前被超越。在 2006 年都灵冬奥会上发生了一个著名的例子。琳赛·雅各贝利斯（Lindsey Jacobellis，美国女子单板滑雪运动员）是七届极限赛事的单板滑雪越野赛冠军，在女子决赛中本已取得不可逾越的领先优势。当她飞速冲下终点直道时，她开始热舞，做了一个有趣的跳跃和空中抓板动作。但是，她的板刃卡住了，摔倒了，被瑞士的塔尼娅·弗里登（Tanja Frieden，瑞士女子单板滑雪运动员）超过，使她错失金牌。（我们将在下面关于快乐的一节中回到雅各贝利斯的故事。）

记住，在每一个过早庆祝的故事中都有一个竞争对手——或团队——他们专注于比赛，直到终场哨声响起，赢得胜利。还有像美国的阿比·达戈斯蒂诺（Abbey D'Agostino，美国女子田径运动员）和新西兰的尼基·汉布林（Nikki Hamblin，新西兰女子田径运动员）这样的例子，他们在 2016 年里约热内卢夏季奥运会 5000 米半决赛中相撞，然后选择互相扶持，有尊严地完成比赛。事实上，尽管达戈斯蒂诺拉伤了前交叉韧带和内侧副韧带，她还是完成了比赛。

最后，我请你们想象一个我最近在一个视频中看到的关于完成比赛的精彩例子。在一场非常普通的八岁以下女孩 25 米自由泳比赛开始时，一个小女孩滑倒了，腹部扑通一声落在起跳台上。她像一只被压扁的虫子一样四肢张开。然后，她溜进了游泳池，比她的对手们落后了好几个身位，但仍然坚定地使用狗刨式游到了第二名。

你愿意致力于完成练习吗？

活动： 快乐——流畅的来源

让我们简要回顾一下琳赛·雅各贝利斯的故事。在你过于严厉地评判她之前，请记住我们都是人，我们都会犯错。只是大多数人并没有在世界舞台上竞争，在那里我们的错误实际上是向整个地球传播的。具有讽刺意味的是，雅各贝利斯没有赢得金牌，部分原因是她展示了另一个优秀的习惯——快乐。排在第二位后，她说："我连想都没想过。我玩得很开心，这就是我心中的滑雪运动。我是领先了。我想要和大家分享我的热情。我搞砸了。有时就是这样"（Riley and Dillman，2014）。她的言论展示了四个优秀的习惯：快乐；接受（即不抗拒）；乐意承认错误、从错误中学习和对错误放手；自我原谅。这一点可能会对你有所启发：雅各贝利斯继续竞赛，感到快乐，并激励她的同组选手。

西蒙娜·拜尔斯（Simone Biles，美国女子体操队的领军人物），奥运会全能冠军，用快乐的力量激励着她的队友。一次见面后，西蒙娜被告知她玩得太开心了，精力不集中了。她回答说："那是我在我的地盘……我想我在教导我的队友们，在享受乐趣的同时，他们仍然可以成功，而不是像冰冷的砖头一样。你可以玩得很开心，也做得很好。放轻松一点"（Park，2016）。

那么你怎样才能在你的训练和比赛中感到快乐呢？你如何与你的队员和粉丝分享它？也许你和你的队友可以创造一个赛前欢呼、一个有趣的错误仪式，或一个简单的得分后庆祝仪式。前世界排名第一的网球运动员、六次大满贯冠军得主鲍里斯·贝克尔的这句话将帮助你记住体育运动最重要的是什么："我爱赢。我可以接受失败。但最重要的是，我喜欢玩。"

各列出一个在训练、比赛、日常生活中可以给你带来快乐的简单方法。

训练： _____

_____

比赛： _____

_____

日常生活： _____

_____

活动： 恰当——沿着连续体前进

前两节演示了恰当的原理。大多数特征都存在于一个连续体（一系列事物或特质在两个极端之间形成的一个连续的范围）中。当你阅读下面的词汇时，注意你的想法和感受：严肃、玩笑嬉闹。你认为这两个词中的一个词比另一个更好吗？事实上，这两种品质都是有价值的，有了正念，我们可以沿着一个连续体滑动，选择当下最有用的反应。这是"恰当"。你能识别出那些需要严肃对待的时刻和场合吗？或者是需要更有趣的场合？

恰当适用于所有的人类特征，包括自私－无私、外向－内向、追随者－领导。所以了解你的总体倾向是有帮助的。你倾向于成为一个自私、内向的追随者吗？是否在某些时候，沿着一个或多个连续体前进可能对你有所裨益？

怀着友善和好奇，在下面列出的连续体中标记你的默认位置。请注意，在运动和生活中，不同的品质适合出现在不同的时间和地点。

有纪律的_____爱玩的

慷慨的_____吝啬的

外向的_____内向的

追随者_____领导者

如前所述，真正的正念意味着我们在当前需要的时候自由地沿着多个连续体滑动。

基本概念：体育精神——超越比赛

体育精神是另一种偶尔会促使运动员选择不完成比赛——在某些情况下甚至不开始比赛的品质。想想这个关于体育道德的故事，一个来自艾奥瓦州斯宾塞市艾瑟维尔 – 林肯中心高中的名叫阿米德·卡斯特罗 – 查维斯（Amed Castro-Chavez）的年轻摔跤手，他选择了向奥斯汀·罗伯茨（Austin Roberts）致敬，而不是走上摔跤垫，借助对手缺席赢得比赛。罗伯茨在摔跤比赛前一周去世了，为了纪念他的竞争对手罗伯茨，以及因为共情于他的父母、队友、教练和社区的悲痛，卡斯特罗 – 查维斯走到看台上，拥抱了罗伯茨的母亲，并说他希望"能再次与奥斯汀摔跤，因为他是如此伟大的摔跤手……与奥斯汀摔跤是一种荣誉"（Gallagher，2016）。朋友们，这才是真正的体育精神。

基本概念：自由——放弃执念

在体育和生活中，人们很容易变得过度专注于胜利。当然，这会影响我们的表现——而且不一定是以一种好的方式。当我们意识到我们对胜利的渴望时，我们可以从放下结果中受益，正如运动心理学家吉姆·阿夫雷莫所写的那样，我们可以从"关注过程和执行，而不是担心想要的结果，或者更糟糕的可怕的结果"中受益（Afremow，2013，223）。

2017 年 5 月 28 日，金州勇士队和俄克拉何马城雷霆队正在准备 2016 年西部系列赛第六场。系列赛的获胜者（在七场比赛中先赢四场的球队）将继续参加 NBA 总决赛。金州勇士队以 2∶3 落后于俄克拉何马城雷霆队。如果金州勇士队输掉了第六场比赛，他们就会输掉系列赛，无法进入总决赛。媒体和更衣室里的故事有着共同的主题：成败在此一举、要么赢要么回家。因为金州勇士队的核心价值是快乐、正念、同情和竞争，我希望球队能赢得系列赛和 NBA 总冠军。我非常好奇球队是如何运用这些原则的，在那个特殊的时刻，在更衣室里。虽然有点冒昧，但这让我想到：如果我跟他们一起在更衣室里，我会说些什么呢？

好吧。我会这么说。

闭上你的眼睛。把注意力放在呼吸上。将自己安置于宁静之地。现在简单地承认你在这一刻的主要恐惧。很可能是我们要输了。和这些恐惧共处，感觉它，真正地感受它，在你的身体里，在你的思想里，在你的内心。

如果我告诉你你肯定会输，你会怎样呢？进入那个现实。在晚上结束的时候，你将离开球场，这个神奇的破纪录的赛季将会戛然而止。你不会参加冠军系列赛，我保证。

呼吸。承认你的想法和感觉。注意"是的，但是……"和"你这是在说什么？！"的想法，并让它们过去。

知道自己会输，你想怎么打？你想要记住什么？当你走出球场的时候，你想说些什么？

你想知道自己是否全力以赴了吗？你是出于对比赛的热爱而不是出于对失败的恐惧或对赢的渴望吗？你想知道你充分展现了你快乐、专注、同情和竞争的核心价值吗？

面对我们的恐惧，放下结果，真正选择快乐地打球，这是极大的自由！在这一刻，你会选择什么？

现在，我假设邀请运动员们反思对胜利的执念和对失败的恐惧，反思过后这些意志坚定和拥有强烈求胜欲的运动员们本质上还是渴望获得胜利的。这是非常有竞争性的运动员的天性。这种想象练习的目的是鼓励运动员观察自己的想法，照顾自己的情绪（见第 6 章），放松对结果的执念，并最终找到流畅状态。通常，你对结果的执念越少，你就越自由；越自由，你就越能更好地比赛。前世界排名第一的网球运动员、八次大满贯得主安德烈·阿加西在他的自传《上场：阿加西自传》中提到了放弃执念的好处："从获胜的想法中解脱出来，我立刻就能打得更好。我停止思考，开始感受。我的击球变得快了半秒，我的决定变成了直觉而不是逻辑的产物"（Agassi，2009，365）。

基本概念：警惕和成瘾行为

尽管放弃执念有利于流畅，但执念，特别是对胜利的执念，会很快变成成瘾行为。如果我没有像 G 教练警告我那样警告你，作为运动员，作为追求卓越的人类，我们会被自我的一个方面，即成瘾行为所诱惑。即使我们得到了一位大师级教练的指导，并且警惕地练习了正念，成瘾行为也能引导我们走上扭曲的黑暗的思维之路——"不惜一切代价获胜"。下面的想法是我们跟随成瘾行为进入肮脏地带的路标："我必须赢。我只靠自己就行。我不需要我的教练。这些规则不适用于我。"我们迷失方向的另一个明显标志是对"更多"的渴望——包括更多的胜利，更多的名声，更多的金钱，在某些情况下，更多的逃避，或更多的麻木，更多的……有趣的是，极端超脱的想法也可以表明，我们已经跟随成瘾行为进入危险的领域。极端超脱的想法包括"没关系，我不该在这里，我让每个人都失望了，我是个失败者。"在极端执念和极端超脱的情况下，我们会被成瘾行为的夸张、扭曲和谎言所迷住，以至于我们盲目地追随它，而没有注意到明显的警告信号。在这些状态中，没有对比赛的热爱，没有流畅。

从第一天，到后来的 28 年里，G 教练说过："艰难的阶段不是当一个运动员开始接触项目，学习技能，每天努力训练的那些时候，这些都不是。对一个运动员最具挑战性的阶段是当他 / 她经历了一连串的胜利的时候。这就是成瘾行为的诱惑。"简而言之，当我们经历非凡的成功时，我们最容易受到成瘾行为的影响。

前芝加哥公牛队和洛杉矶湖人队总冠军教练菲尔·杰克逊描述了成瘾行为的代价："对成为超级明星的痴迷打击了自我，破坏了吸引大多数人去打篮球的最重要的东西：这项运动的内在美"（Jackson，2014，5）。适用于篮球运动的道理适用于所有运动。兰斯·阿姆斯特朗是被成瘾行为诱惑、完全迷失方向的优秀运动员的例子，他为了获得环法自行车赛冠军服用兴奋剂；2009 年至 2013 年新奥尔良圣徒队的球员为了奖金故意伤害对方球员；泰格·伍兹（Tiger Woods），发生婚外情；罗西·鲁伊斯（Rosie Ruiz）在波士顿马拉松比赛的最后部分混进赛道，通过"假跑"夺冠；1994 年美国花样滑冰锦标赛和奥运会选拔赛之前，托尼娅·哈丁（Tonya Harding）曾安排让她的主要对手南希·克里根（Nancy Kerrigan）受到攻击；1919 年芝加哥白袜队世界大赛的队员为了金钱退出比赛。在屈从于成瘾行为的过程中，这些人欺骗、撒谎，背叛队友、朋友、家人和比赛。

虽然 G 教练一再警告我小心成瘾行为的诱惑，我仍然曾经在我人生历程的关键时刻屈服于它。以我为例，在成瘾行为"不惜一切代价赢得胜利"的影响下，我无情地与我敬爱的教练进行竞争并将其击败。它尽其所能让我在身体上、精神上、情感上、专业上、法律上和经济上贬低、否定、抹杀和摧毁 G 教练。最近，在写这本书的过程中，成瘾行为使我开始沉迷于作家们所说的"奥运金牌"——也就是写一本畅销书。结果，我又一次辜负了 G 教练的信任，并傲慢地假装我是靠自己完成这一切的。我偷窃过、欺骗过、背叛过那个真正教会我这本书中所有东西的女人。这给 G 教练带来了极大的伤害和痛苦。

令人惊讶的是，每一次成瘾行为引诱我进入最黑暗的小巷，G 教练都通过修复、弥补、恢复和重建的过程引导了我。这是有一个真正的大师级教练的好处：她了解历史上、文化中和家族里对胜利、成功、名声和财富的迷恋，以及同时存在的恐惧。她知道我的特定类型的成瘾行为所带来的弱点、倾向、习惯和冲动。她一点也不在意这件事。她不允许我在任何事上放纵自己。她全心全意地支持我并为我的优势、潜力和天赋而奋斗。尤其是当成瘾行为强烈抵制时，她总是想尽办法，教导我使我以最好的状态比赛，去寻找流畅状态。

当我谦卑地记住这本书中的所有教训并去规避它们时，她强烈、恒久、充满爱的坚持支持着我：观察诱惑性的自我思想，包括自我表扬（我的书很震撼！我是最棒的专家、教练！）和自我挫败（我做不到！太难了！我放弃了！），不相信它们，也不把它们当回事；虽然我有着强烈的虚荣心和压倒性的怀疑和羞耻感，但它们没有控制我；一次又一次地选择做我从事的工作，进行训练，并练习技能；相信一切（包括一段长时间的成瘾行为）都发生在我身上，但不针对我；练习宽恕和自我同情；从悲惨的失败中吸取教训；救赎；最终意识到，我不是成瘾行为。

成瘾行为的标志：

我　　我的　　是的，但是想想……

更多　　渴望　　恐惧

指责　　辩护　　缺乏安全感

无感觉，麻木　　"关机"的感觉　　缺少宽容

恶性竞争　　雄心　　缺少欢乐

妒忌，猜忌　　傲慢　　缺乏耐心　　防御姿态

当我发现——或者更多的时候是 G 教练让我知道自己迷失了，我停下来，拿出"全球定位系统"，在可能的情况下，合法掉头，然后回溯我的脚步。这一步一步地回溯，一次纠正一个扭曲的想法，是第 7 章提供的"反应，或选择不同'街道'"活动的进阶版本。专心致志的运动员，他们已经接受了熟练的指导训练并且勇敢地回溯他们的脚步，包括：从自我厌恶中解脱出来的阿加西；使用违禁药物的玛丽亚·莎拉波娃（Maria Sharapova，俄罗斯职业网球运动员）在承担责任后重返网球场；阿比·万巴赫

（Abby Wambach，美国国家女子足球队前锋）和迈克尔·费尔普斯，他们经历了压倒性的期望、沮丧和酗酒。

创造多项纪录的 MLB 球员肖恩·格林在他的著作《棒球之道：在 95 英里 / 小时的速度中寻找宁静之地》中谦卑地回顾了他在成功、失败和受伤期间迷失自我（成瘾行为）的经历。

我对自我成瘾行为贴上了邪恶敌人的标签，这是我的错误吗？毕竟，问题不在于自我成瘾行为本身，它几乎不可能永久地消失，但迷失在自我成瘾行为中，并错误地认为它是一个人的真正本质。仅仅只是意识到自我成瘾行为，并从一个分离和空旷的地方看着它，就足以让自己保持存在？（Green，2011，160）

和格林一样，我正在学习，我越是能够保持警惕，同时对自我有同情心，我就越能留在竞赛中，发挥最高水平，并找到流畅。或许一个新颖的体育类比会澄清这一点。对于身体习惯，也对于成瘾行为的习惯，我发现，承认自己有特别的弱点是非常有帮助的——比如有过度防守的倾向。在球场上，或者赛场上，当一名球员在防守上过度投入时，他的位置很差、不平衡，无法对对手做出有效的反应。在生活中，当我过度致力于捍卫成瘾行为时，我也会变得无准备、僵硬，无法在那一刻优雅地做出反应。然而，当我简单地承认这些成瘾的习惯时，我可以选择深呼吸，退一步，采取更灵活、反应更快的姿势；我可以选择敞开心扉。正如肖恩·格林所言，只有怀着友善和好奇，我才能认识到"成瘾行为"的黑暗倾向，才能回到我的本质，让自我同情、原谅、同情他人、慷慨、快乐和对比赛的爱闪耀着自然的光芒。

通过阅读这本书，你也学会了认识成瘾行为的幻想和恐惧，这些幻想和恐惧会诱使你进入肮脏的地方，以及表明你迷失了方向的身体、精神和情感标志。你正在发展技能，重新回到你正常的步伐，回到你的本质，顺流而下，去热爱比赛，并且，正如教练达博·斯温尼（Dabo Swinney）所说的，去点亮。借用 2017 年 NCAA 冠军克莱姆森老虎队教练达博·斯温尼的话来说，让你内心的光比你身上的光更亮。

活动：谦逊——没有人会独自成功

通常在体育和生活中，当我们有一系列的"成功"时，我们会变得过于自信、自大和傲慢。当成瘾行为让我们相信这一切都是靠我们自己完成的时候，我们就会变得草率，寻求捷径，忘记凡事有起有落。因此，为了尽量减少我们受成瘾行为诱惑的可能性，并最大限度地提高我们找到流畅的概率，重要的是要记住四个原则：①让成功的想法留在自尊（而不是自我同情）的领域；②成功是无常的；③成功总是团队努力的结果（即使是对那些参加个人运动的人来说）；④成功取决于持续的身体、心智、情感和精神基础练习。记住这些原则会使我们保持谦逊，而谦逊增加了我们找到流畅的可能性。

丹尼尔·布朗（Daniel Brown，美国作家，曾任斯坦福大学教师，现居纽约，著有多本历史纪实作品）在《激流男孩》一书中捕捉到了谦逊的力量，这是一个关于在1936年最终赢得奥运赛艇比赛金牌的八名年轻人顽强拼搏的故事。

他们都是熟练的，他们都是坚韧的，他们都是坚定的……他们中的每一个人都有卑微的出身，或者被他们成长中所经历的艰难时期踩躏而变得卑微。他们共同面对的挑战使他们学会了谦逊——他们需要将每个人的自我归入整条艇——谦逊是他们共同的出路。现在他们能够走到一起，开始做他们以前做不到的事情。（Brown，D. J. 2013，243）

通过把自我归入更大的团队或比赛，我们允许自己扮演以前没有扮演过的角色，做没有做过的事情。

对于参加团队运动的运动员来说，谦逊和感恩可能会更容易、更自然地出现；对于参加个人运动的运动员来说，承认他们也得到了一个团队的慷慨支持并保持谦逊也是同样重要的。事实上，我们没有一个人能仅"靠自己"取得成就，而"我们"的成功是友善、智慧、鼓励和很多人支持的结果。

在赢得2015年赛季巡回赛冠军，并获得1000万美元奖金后，乔丹·斯佩思（Jordan Speith，高尔夫球运动员）捕捉到了真正的冠军是谦逊与感恩的结合：

现在允许我……关心那些给我现在的位置并让一切发生的人。就像我一直说的，当下的成绩是一个团队的努力。当我们在家的时候，当我们处于运动生涯的早期阶段，以及在这个赛场上，很多幕后工作都在进行，太棒了。我现在有了一个机会，与那些使当下的成绩成为可能的人去庆祝并分享这样的一年和这样的奖金。我们团队今年的表现令人难以置信。每件事都是我们需要的，在合适的时候达到顶峰。如果我们能继续这样做，那么我们就会有更多这样的赛季。（Kerr-Dineen，2015）

对于这位谦逊的"个人"运动员的评论，最引人注目的是他经常使用"我们"这个词，而且他从来没有一次为成功居功自傲。所以我在这里再次感谢我的团队，特别是辉煌的G教练，没有她这本书就不会存在。

无论你是参加团队运动的运动员还是个人运动员，请列出你队伍的所有成员，包括教练、体能训练师、经理、设备经理、家庭成员、朋友、领导、现场维护人员、后勤人员等。

_____

_____

_____

_____

练习：主动服务与主动付出

当我们谦逊地承认，我们的成功至少依赖于别人的支持，就像取决于我们自己的辛勤工作一样，那么我们往往会被激励去为之服务，并为之主动付出。这种优秀习惯的价值在"改变比赛项目"负责人约翰·奥沙利文的文章"优秀的队友的共同点"中有所体现。

"教练，我能跟你谈谈吗？"

"当然，"我说，"迈克尔，你今天在想什么？"

"嗯，我只想知道我作为一名中场球员能做些什么可以争取到更多的首发机会，有更多的比赛时间。我不认为我作为一个边锋展示出了最好的自己，我的父母告诉我，除非有什么变化，不然我不会被大学的球探注意到。"

"好吧，迈克尔，"我说，"所有教练都在从他们招募的球员身上寻找一些东西。事实上，这正是我想从你那里得到的。如果你在每一次训练、每一次健身、每一场比赛中都做到同一件事，我想无论你在哪里比赛，你都会看到你的比赛成绩有很大的进步。想知道是什么事吗？"

"当然，教练。是什么？"

我等了一会儿才回答，以确保他在听。

"你必须停止问你能得到什么，而是开始问你能给予什么。你必须付出。"（O'Sullivan，2015）

有一些运动员反复选择超越他们的小我来支持他们的队友，为他们的团队、他们的运动和他们的社区服务。这些运动员认识到，追求自己的激情是一种真正的荣幸，他们并不总是在寻找下一个站在聚光灯下的机会，他们经常以安静的方式在聚光灯以外付出。

比如，2012 年斯蒂芬·库里同意每投一个三分球就捐出三张防疟疾蚊帐。这样，他不仅打开了他的钱包，还打开了他的心。库里前往坦桑尼亚，忍受漫长、颠簸、尘土飞扬的公路旅行和廉价酒店去悬挂蚊帐、参观健康诊所，并与因疟疾而悲伤的母亲和皇室成员会面（D.Brown，2016）。库里选择远离家庭、家庭和聚光灯而去为他人服务，这展现了一个真正的冠军的心。他利用他的名声来回馈他人，改善他人的生活。

　　历史上许多著名的运动员，也许更重要的是，许多你没有听说过的运动员在为人类服务，面对困难、歧视、暴力和不公正，勇敢地采取接受、友善和正义的立场。这里仅列举几个。

- 在 1936 年奥运会上，获得四枚金牌的杰西·欧文斯（Jesse Owens，美国非洲裔田径明星，短跑运动员）。
- 鼓励杰西·欧文斯的德国跳远运动员卡尔·卢兹·朗（Carl "Luz" Long）。
- 意大利自行车冠军吉诺·巴尔塔利（Gino Bartali，二战时期著名自行车手），他冒着生命危险在第二次世界大战期间反复在意大利各地骑自行车递送假身份证件，挽救了八百名犹太人。
- 杰基·鲁宾逊（Jackie Robinson，美国棒球运动员），第一个参加大联盟的非洲裔美国人。
- 凯瑟琳·斯威策（Kathrine Switzer），第一位注册并完成波士顿马拉松赛事的女性。
- 汤米·史密斯（Tommie Smith，美国田径运动员，被认为是 200 米跑和 400 米跑两个项目最伟大的运动员）和约翰·卡洛斯（John Carlos）分别在 1968 年奥运会 200 米项目中赢得金牌和铜牌后，在颁奖仪式上向人权致敬。
- 彼得·诺曼（Peter Norman），澳大利亚人，1968 年与史密斯和卡洛斯一起获得银牌后，戴着奥运会人权项目臂章声援他们。
- 穆罕默德·阿里（Muhammad Ali，美国著名拳击运动员、拳王），被剥夺了拳击冠军头衔，并在运动生涯巅峰时期被禁赛 4 年，因为拒绝参加越南战争。
- 比利·琼·金（Billie Jean King，历史上最伟大的女子网球选手和女运动员之一）和韦努斯·威廉斯（Venus Williams，美国女子职业网球运动员）在温布尔登为女子网球运动员与男子网球运动员获得同等报酬发声。
- 美国全国田径锦标赛冠军米西·埃里克森（Missy Erickson），正在引起对年轻运动员性虐待的关注。
- 贝姬·哈蒙（Becky Hammon），NBA 首位女性全职助理教练。
- 格雷格·波波维奇（Gregg Popovich），第一位聘用女性的 NBA 总教练。
- 美国女子足球队和曲棍球队的成员（同样，如果不是更重要的话，美国女子曲棍球队的潜在成员——她们同意越过警戒线），她们站在一起提倡同工同酬。
- 科林·凯白尼（Colin Kaepernick）是一名橄榄球运动员，他选择在奏国歌时坐下，以引起人们对在美国非洲裔长期遭受的不公正、歧视和虐待的关注。

我要求你做出服务承诺。列出以下每个领域中你将提供服务的一种新方法。它可以是一些简单的事情，比如接触一个害羞的队友，和一个受伤后恢复的队友一起做练习，与午饭时独自坐着的人坐在一起，安排把旧的运动装备捐赠给当地的美国男孩女孩俱乐部或非洲的一个村庄。

你的队伍：_____

_____

你的学校或工作地：_____

_____

你的社团组织：_____

_____

给自己一份正念的礼物

本章中的一些优秀习惯的例子，如"完成"和"快乐"，偶尔会相互冲突，经常会相互促进。下面是一组我们已经介绍过的优秀习惯，看一看下面这些习惯，并承诺在本周或这个月练习其中一个。

加满队友的情绪油箱　　幽默　在内心重复"谁知道呢"

明确这事发生在我身上，　耐心　信念　坚持不懈
而不是为我发生　　　　　　　　　感激

负责服务　保持灵活　　自我同情

诚实正直　具备体育精神　慷慨喜悦

富于同情心　理解世事无常　平静　原谅

热爱比赛　　谦逊　警惕

第 13 章
对比赛的热爱

在作为运动员的你的背后，在不断练习的时间背后，在推你前进的教练的背后，是一个深爱这项运动，从不回头的小女孩……为她而战。

——米亚·哈姆（Mia Hamm），奥运会和世界杯足球赛冠军

本章是专门针对运动员的最后一章……所以，花点时间做一次在最后的引导下的恢复练习……处于宁静之地……让这本书中对你最有用的，已经进入你的头脑和心灵的练习和想法，在你的意识里升腾。呼吸，并将你对以下内容的发现写在横线上。

在宁静之地休息：_____

_____

_____

停下来，呼吸……

关爱自己的身体：_____

_____

_____

停下来，呼吸……

观察你的想法：_____

_____

_____

停下来，呼吸……

友好地对待你的情绪：_____

_____

_____

停下来，呼吸……

主动反应而不是被动回应：_____

_____

停下来，呼吸……

直面挑战：_____

_____

停下来，呼吸……

错误和自我同情：_____

_____

停下来，呼吸……

成为一个真正的队友：_____

_____

停下来，呼吸……

关键时刻：_____

_____

停下来，呼吸……

优秀的习惯：_____

_____

停下来，呼吸……

热爱比赛：_____

_____

停下来，呼吸……

基本概念：熟能生巧

每个人都听过"熟能生巧"，事实是，不论是运动技能，还是这本书中分享的技能，都确实是熟能生巧。我们练习的次数越多，我们就会变得更有能力、更自信、更流畅。记住，总有更完善、更深层次的流畅体验。

当你准备开始另一项学习和走向流畅时，选择你希望在接下来的一周、一个月或一个赛季专注地练习。记住，就像身体技能，你不能同时掌握一切。因此，带着友善、好奇和诚实，选择你明智又快乐的下一步来发展你的心理、情感和精神。选择一个或两个你想提高的技能或者在这个赛季制订一个渐进的计划。

练习：手电筒

下面的练习将前文提供的许多基本练习结合成一个简单的形式。

找一个相对安静、私密的地方，让自己放松下来……

当你准备好的时候，放松身心，闭上眼睛，然后打开你的手电筒（即注意力），把它的光照在呼吸和呼吸之间的宁静之地。

大约一分钟后，轻轻地将手电筒的光照在声音上，听房间里的声音、房间外的声音，甚至是你身体里的声音——你的呼吸，你的心跳……

根据你自己的时间，用手电筒照你的身体，注意你的身体与椅子、床、衣服、空气接触的地方……注意那些感觉舒服、不舒服或者中立的地方……感觉身体内部的一般状态、能量水平和特定的感觉。

再一次，当你准备好的时候，用手电筒照一照你的想法，注意到那些来来往往的想法，带着友善和好奇，觉察到思维的质量和基调……

根据你自己的时间，把注意力放在情绪上，简单地承认你此刻所感受到的一切……

现在，把注意力的手电筒照在呼吸上……

然后把它照在宁静之地……

只是在宁静之地呼吸和休息……有一个可以打开并选择将光照向何处的手电筒会非常有帮助。我们可以扩大我们注意力覆盖的范围，包括一切竞争场地的景象和声音以及咆哮的人群，或者我们可以把它缩小到当前的关键因素——球，防守队员和球门，试题，前面的人……这种扩大和缩小我们注意力手电筒照射范围的能力在许多情况下是非常有用的：在选拔赛和正式比赛中，在参加测试或演讲时，在激烈的谈话中。还有很多很多可列举的例子。

活动：对运动的爱

有时，作为运动员和教练，我们变得如此专注于我们的成绩，以至于忽略了我们最初的、自然的、纯粹的对运动的热爱。虽然运动员生涯的大部分时间都在艰苦训练，但培育和呵护你对比赛的热爱是很重要的。你完全可以在当下找到这份爱。在一次艰苦的孤独训练后，你会体验到令人满足的疲惫。

一个匿名垒球运动员的简单话语表明了她对运动的热爱和与正念的关系。

你知道当你在赛场上走的时候你很喜欢运动……

忘了学校里上演的戏剧。

忘了你之前和男友吵架的事。

忘了在看台上看球的人。

忘记一切，只关注运动。

这才是个真正的运动员。

乔治·芒福德在《正念运动员：纯粹表现的秘诀》一书中写道："真正的问题是：你怎么才能把场上和场下对运动的热爱，对当下的热爱，对你所能做的一切的热爱，对服务的热爱，对将你的人性提升到另一个层次的热爱带入你的生活？"（Mumford，2015，203）。花点时间思考这个问题，发现你的真实想法。可能的答案包括：选择专注于当下，在情绪波动中冲浪，笑对错误，更加努力，进行 PEACE 练习，自由发挥，指导一个经验不足的球员或者去往另一个国家比赛，交叉训练，离开比赛一段时间，在当地医院或动物收容所做志愿者……

_____

_____

_____

反思：超越竞争

作为运动员，我们常常认为我们是在和队友争夺首发位置、和时间赛跑，或是和我们的对手争夺胜利。最终，正如吉姆·伍登（Jim Wooden）所说，我们正在竞争"展示我们的品格"，并发现最好、最真实的自我。我们通过在关键时刻做出主动反应来做到这一点。

不幸的是，作为竞技运动员，我们往往主要关注自己、排名和输赢。我们经常被自己的思想、情绪，关于自己作为运动员的"故事"，以及在运动中的身份所消耗。我们很少走出小我，体验流畅状态。

我希望到目前为止你已经意识到你不仅仅是你所扮演的角色，你的数据，你的手术瘢痕，你的奖杯和记忆。你比你的思想更重要，作为一名运动员的思想、情绪和"故事"。我的朋友、斯坦福大学女子体操队的教练克丽丝滕·史密斯提醒她的运动员们，她们比她们的运动更重要。

我们试着教我们的体操运动员：体操不是全部的你……它是你所做的事情的一部分。它是你通过成为一名体操运动员而发展起来的所有品质，将为你的余生奠定基础。他们走进这个世界，发现下一件他们将要爱上的事情。（Kiefer，无具体时间）

正念不仅提高了我们达到巅峰表现和找到流畅的能力，而且也支持我们在余生中发展有价值的品质。然而，最终成为一名正念的运动员的真正礼物是你可能会发现自己真正的本质。这种经历是肖恩·格林阐述的。正如前面所描述的，格林刻意练习这本书中提供的技能。在这个过程中，他成为一名创造多项纪录的 MLB 运动员和一名拥有正念思想的运动员。他写道："我总是怀疑，我的内心深处有更多的东西，而不是我不断重复的思想和我贪得无厌的欲望……我真正开始与我的思想脱离，并与我更深层次的存在感相联系"（Green，2011，32）。

给自己一份正念的礼物

我最真诚的愿望是，在阅读这本书的过程中你已经意识到：运动，特别是在正念中完成运动，是你进入比赛流畅和生命流畅状态的一种方式，你将从中发现你的本质。最终，你将拥有纯粹的宁静、快乐和爱！

为了支持你努力体验这一点，请再次承诺。

- 在关键时刻做出主动反应；
- 培育优秀习惯；
- 培养你对比赛的热爱；
- 在宁静中休息。

第三部分
教练和父母的正念技能

接下来的两章是为教练和父母写的。它们将支持你学习和应用你的运动员／孩子在本书的前两部分中练习的许多非常有价值的技能。具体来说，这些章节将使你记住作为教练或父母的最高意愿，从运动员／孩子的角度了解你的执教或养育风格，然后选择今后你进行执教或养育的方式。最终，这将改善你与运动员／孩子的关系，并增加他／她在运动和生活中找到流畅的可能性。

第 14 章
作为教练

在从事体育运动的人中，一个常见的错误是与花在了解人上的时间相比，在运动技战术上花费了过多的时间。

——迈克·沙舍夫斯基（Mike Krzyzewski），美国杜克大学男子篮球队教练，2008 年和 2012 年奥运会金牌教练

感谢你阅读本章的内容。虽然我真诚地希望你已经从头开始阅读了这本书，但我意识到你可能没有。所以让我们从定义开始。

正念就是怀着友善和好奇关注当下，这样我们才能选择我们的行为。

让我们分解一下这个定义。"关注当下"是指不要沉迷于过去或担心未来，而要关注此时此刻的实际情况。我们带着"友善和好奇"予以关注，否则我们对自己和我们的运动员的要求会严厉得令人难以置信。我们倾向于只看到我们和我们的运动员何时"犯了错误"或"搞砸了"。用正念，我们有意识地练习带着一种友善和好奇的态度对待我们自己和经验。最后，当我们把友善和好奇的关注带到我们的思想和情绪上，带到身体感觉上，以及带到我们的生活中的人和环境上时，我们就拥有了我们需要的一切，以便我们可以选择自己的行为，并且在训练、比赛以及日常生活中对具有挑战性的情境做出主动反应。在体育、学业和工作领域中关于正念与自我同情的研究表明，这些练习可以增进学习能力，提升表现，并促进熟练掌握。

本书向运动员提供的基本概念、练习、反思和活动可以帮助你应对典型的执教挑战。具体来说，它们会在以下情境中为你提供支持：为你的运动员提供训练和比赛所必需的心理和情感技术；鼓励运动员应对伤病和心理挑战；与不自信或傲慢的运动员一起工作；加强团队合作；对运动员的失误、领导的失误以及严重的损失做出主动反应；与目光短浅、极度乐观和专横的父母打交道；和员工一起解决问题。这些技能将让你创造一种文化，这种文化将有助于运动员个人和整个团队找到流畅状态，并始终如一地发挥他们的最佳水平。

在这里停下来，当你重读上一段的最后一句话时，只需注意你的想法和感受：这

些技能将让你创造一种文化，这种文化将有助于运动员个人和整个团队找到流畅状态，并始终如一地发挥他们的最佳水平。

开始的时候，你可能会从以下信息中得到激励：许多优秀运动员和专业团队正热情地使用正念，特别是当他们发现正念能够提升表现，并为寻找流畅状态创造条件时。参见第 1 章的"正念"部分，了解越来越多的运动员和团队使用了或正在使用正念来提升他们的表现。

如果你真的致力于与你的运动员分享这些技巧，而你还没有读完这本书的其余部分，我强烈建议你在这里停下来去阅读第 1 章"欢迎"，至少浏览一下目录，感受一下这本书提供的强大的心理和情感技术。在第 1 章，虽然无法获得各章中提供的所有细节和改进内容，但我尽最大努力为你提供了一个基础框架。

反思：我的执教

作为一名致力于追求卓越的教练，意味着你需要花时间思考和计划你的执教内容——包括每天以及整个赛季所提供的特定技能、训练和进程。正念引导你探索执教的意图和方式。所以或许你可以暂停一下，深呼吸，接着反思你执教的意图和方式。勇敢去做真我，保持友善和好奇，然后看看你发现了什么。花几分钟思考下面的问题，让自己的思想和感受层层展现出来。

你为什么执教？

_____

_____

你过去是怎么执教的？

_____

_____

你是如何看待自己过去的执教经历的？

_____

_____

你最欣赏教练的哪些品质？

_____

_____

你如何定义成功？

_____

当你执教时，你的意图是什么？

你每天如何展示这些意图？

作为一名教练，你希望你的运动员从你这儿学到什么？

你的运动员如何描述你的执教风格？

你有想改变的执教习惯吗？

如果你不愿意真正探索这些主题，那么这个故事可能会鼓励你。斯坦福大学橄榄球队的教练戴夫·肖（Dave Shaw）以坚忍而闻名。实际上，以他为灵感设计了一件校园T恤，名称为"肖的50种阴影（50 Shades of Shaw）"，肖的"无表情"面孔与各种情绪结合，例如激动、悲伤、困惑、快乐和沮丧。在2014年对阵加利福尼亚大学洛杉矶分校的比赛中，后卫龙尼·哈里斯（Ronnie Harris）礼貌地建议肖"放松"。哈里斯告诉肖："释放你的压力。当你感到舒适时，用心去体会舒适"。哈里斯真心实意的建议促使肖在那天改变了他的教练风格，并不断前进。肖的改变也启发了他的球员。内线后卫布莱克·马丁内斯（Blake Martinez）指出了肖更具表现力的风格的强大影响力。"我看到的是他给我们击掌，我们因此而被鼓励，就像额外的激励一样"（Wilner，2015）。

活动：有意地创立文化

每个赛季，你都有机会创立团队文化。你的意图是什么？为自己？为了你的运动员？为整个团队？如前文所述，意图与目标是不同的，它们定义的是存在的品质而不是特定的结果。当在正念的情况下持有意图时，意图充当行为的指南针。以下是一些意图的示例：我们以友善和尊重的态度对待自己、队友、教练、对手和领导。我们致力于在身体、心理和情感上都为训练和比赛做好准备。

在赛季的第一天，一个有趣而有价值的团队建设活动是创建一个有 15 至 20 个意图的清单，然后从初始清单中选择 3 至 5 个意图供整个赛季使用。本书中的几乎所有主题都可以作为指导意图。你可以通过考虑团队中缺少或未开发的品质或元素来优化这一过程。许多受人尊敬的教练会毫无疑问地告诉你，他的一些同事虽然在技术上非常熟练，但并不那么成功，是因为他们没有建立明确的、有意图的团队文化。

金州勇士队的教练史蒂夫·克尔（Steve Kerr）是一个榜样，他有意地创立了一种团队文化。如前所述，球队的核心价值是快乐、正念、同情和竞争——本书前面各章节深入介绍了这些主题（请参阅第 10 章中"基本概念：同情心"部分卢克·沃尔顿的评论）。

练习： 神奇比例和加满情绪油箱

正如斯坦福大学橄榄球队教练肖的故事所展示的那样，你为运动员和团队定下了基调。几句简单的话或手势就可以激励或破坏运动员或整个团队。约翰·戈特曼（John Gottman）博士和其他人的研究（Gottman，1994；Losada，1999；Losada and Heaphy，2004）（请参阅"活动：积极扫描和神奇比例"和"练习：加满队友的情绪油箱"）已表明在一对一关系和团队互动中要实现最佳功能，那么积极互动与消极互动的比例至少应为 5：1。曼彻斯特联足球俱乐部教练亚历克斯·弗格森（Alex Ferguson）爵士明确表示："很少有人能受到批评而变得更好；大多数人都对鼓励做出主动反应。因此，我尽可能地鼓励自己。对于运动员——对于任何人——来说，没有什么比听到'做得好'更好的了"（Carmichael，2015）。

因此，你是否愿意致力于保持神奇的 5：1 比例，并为运动员和员工的情绪油箱加油（请参阅第 5 章和第 10 章）？你还在犹豫吗？是否担心这样做会使你的团队变得软弱？如果是这样，请参考以下有关体育作家诺厄·弗兰克（Noah Frank）和积极教练联盟创始人吉姆·汤普森对金州勇士队教练史蒂夫·克尔的赞赏之辞。弗兰克写道："这就是保持不屈不挠的乐观态度的做事方法，始终激励他的球员迎接下一个挑战，而不是因失败而贬低他们，这仍然是他工作中最重要的方面。"汤普森阐述道，"现在有了像克尔这样的人，表现出极致的积极性，这太棒了……我们希望教练能够理解积极的情绪会让运动表现螺旋式上升，增强心理弹性的就是增强积极性"（Frank，2016）。

即使你有疑问，也可以简单地在接下来的几周内进行积极扫描并加满运动员和员工的情绪油箱，看看会发生什么。

- 当你很积极时，在训练、休息、比赛期间，团队在运动场的基调是什么？
- 他们的努力和肢体语言会改变吗？
- 他们是否更愿意前进、冒险并从错误中学习？

让我们说清楚，我不建议你提供过分欢快的虚假表扬，也不建议当运动员和员工的思想开小差，需要你明确、严格的反馈时你仍然提供盲目的爱。相反，我是说，当你的运动员和员工信任你，并且他们的积极情绪已经很饱满了，接下来你提供的建设性批评不会令他们处于战斗、逃避或冻结状态（也称为不应期，请参阅第 6 章）；他们能够听进你的建议，并会积极地采取行动。

活动：倾听每个运动员

大部分教练会和多个运动员工作，许多教练和整个团队合作。而每个运动员有他自己的个性以及身体、心理和情感上的优缺点。在赛季初，以及在赛季中至少一次，留出时间来观察每个运动员。尽可能地带着新鲜感去观察每个运动员。先要确认你对控球后卫的基本看法，然后考虑她拥有的其他素质，这可能会有所帮助。她的身体上、心理上以及情感上的优点和缺点是什么？她对哪种执教方式最敏感？她对自己的表现和在团队中扮演的角色有何感受？她如何与队友相处？她是领导者、追随者，还是孤独者，抑或是破坏者？你对她在篮球以外的生活了解多少？她在学校怎么样？她与家人、朋友、室友和同事的关系如何？她对自己身体的感觉如何？你想在她身上培养什么品质？你可以怎样最好地支持她作为运动员和作为人的发展？现在，你已经带着友善和好奇关注过她，那么你将如何以不同的方式指导她？以下是一些有天赋的教练的具体事例，这些教练用心地倾听他们的运动员并相应地修改执教方式。

曼彻斯特联足球俱乐部教练亚历克斯·弗格森爵士谈到要用心地观察，跳出为每个运动员设置的习惯性的框架以获取重要信息（请参阅第 5 章中的"反思：跳出框架思考"）。

看到球员习惯的改变或热情的突然下降，让我有机会更深入地了解他：这是家庭问题吗？他在财务上有困难吗？他累了吗？他心境怎样？有时我甚至可以辨别一个以为自己还好的球员受伤了。我认为没有多少人完全了解观察的价值。我开始将观察视为我管理技能的关键部分。看到事物的能力是关键，或更具体地说，看到意料之外的事物的能力是关键。（Carmichael，2015）

教练必须特别注意运动员个体的需求以及他们对各种执教风格的反应。旧金山 49

人队的前总教练比尔·沃尔什（Bill Walsh）提供了一个很好的例子，说明如何用心地执教两个独特的四分卫。"很早以前，我们必须鼓励乔·蒙塔纳（Joe Montana）相信他的本能。当他使用他的创造力并且事情没有解决时，我们保持小心，不要批评他。相反，我们鼓励他使用他的本能。我们要容忍他偶尔犯错。对于史蒂夫·杨（Steve Young），情况几乎相反。我们必须与他一起工作，使其受到足够的纪律约束，这样他才能生活在我们正在构建的严格框架内。史蒂夫是一位主动性极强的运动员和出色的奔跑者，但我们发现必须减少他使用自己的直觉（本能）的次数，并增强他保持在团队观念范围内的意愿。"

现在，你可以为每个运动员填写以下工作表，以练习了解每个运动员的技巧。请注意，如果你打算取消此练习，你想对那些企图跳过特定训练的运动员说些什么？

倾听每个运动员

你告诉自己的关于_____（运动员姓名）最基本的"故事"是什么？

_____

_____

该运动员身体上、心理上、情感上的优点和缺点是什么？

_____

_____

_____

该运动员对哪种执教风格最敏感？

_____

_____

该运动员对他或他在团队中的表现和角色有何看法？

_____

_____

该运动员与队友相处得如何？

_____

_____

该运动员是领导者、追随者，还是孤独者，抑或是破坏者？

该运动员在学校或工作中表现如何？

该运动员与家人、朋友、室友和同事的关系如何？

该运动员对自己的身体有什么感觉？

你想培养这位运动员的什么品质？

你可以怎样最好地支持他 / 她作为运动员和作为人的发展？

现在，你已经带着友善和好奇关注过这位运动员，那么你将如何以不同的方式指导这个人呢？

反思：倾听整个团队

如果你正在指导整个团队，则应在对每个运动员进行观察之后，将观察范围扩大到整个团队。

团队士气如何？团队的能量水平如何？如果能量水平偏低，团队会从一段时间的恢复、更偏娱乐的调整训练还是高强度训练中受益？如果能量水平很高，它在整个赛季是否可持续？还是需要稍做缓和？

观察运动员到达和离开训练场时的情况，训练时的情况，休息时的情况，闲逛以及吃饭时的情况。团队的基调是什么？玩笑是否轻松而包容？是否存在紧张、不满或轻率的暗流？运动员是混合分组还是匹配分组，是否存在重复（固定）分组的情况？

这种类型的反思对充分利用你的团队至关重要。在竞争激烈的环境中，如果没有在当下即刻积极地培养包容性和合作性文化，则运动员通常会进行隐蔽且无形的欺凌（称为关系欺凌或情绪欺凌）。理想情况下，团队环境应该是真正合作与同情（共同行动，共享激情），其中每个人都发挥出最大的作用。正如"积极教练（Proactive Coaching）"的社交网络页面上指出的那样"优秀的团队既没有'完全融入'又没有'置身事外'。领导层必须通过发展有意图的文化，让他们的手臂围绕着整个团队，并且要求运动员也做到这一点，来防止这种事（欺凌）的发生。伟大的团队中每个人都很重要"（Proactive Coaching，2015）。

听到年仅八岁的运动员描述的当地橄榄球队持续并仍未解决的典型的关系欺凌案例，以及一些 NFL 球队普遍存在极其残酷的欺凌文化，这真令人心碎（Van Bibber，2014）。慢慢地，运动员、父母和教练逐渐意识到并解决这种"流行病"，这种"流行病"每天在美国各地的球场、赛场、游泳池和更衣室中，在成千上万次几乎看不见的互动中表现出来。

关系欺凌，也称为情绪欺凌，是指利用人际关系引起情绪痛苦。发现针对一两个个体的行为模式是一件微妙且极其困难的事情。最常见的表现形式是将某人排除在社会团体和活动之外，这意味着取笑、传播谣言、泄露秘密、搞小团体、背后中伤、无视、言语侮辱和使用敌对肢体语言（例如，翻白眼和假笑）。团队中可能发生的关系攻击的简单示例包括：队友拒绝与特定个人搭档练习或坐在一起，然后快乐地与更受欢迎的首选队友搭档练习或坐在一起，或者与一两个人之外所有人共享零食。关系攻击的另一个明显迹象是，某些运动员试图以这样的借口证明残酷的行为是正当的："我只是在开玩笑。你开不起玩笑吗？"

运动员为了使自己感觉更好并提高自身社会地位而进行关系攻击，同时降低了受害者的社会地位并孤立了这个人。 关系攻击是由嫉妒、竞争力、不安全感和渴望认可驱动的。某些运动员之所以实施这种欺凌行为，是因为它极难发现，因此很可能既不被注意，也不被解决。表现得最无辜的运动员也可能是最残酷的。这些欺凌者通常是受欢迎的、有超凡魅力的"领导者"，受到成年人的喜爱（Yoon，Barton and Taiariol，2004）。

情绪欺凌对个体运动员和整个团队都有重大的消极影响。显然受害者遭受了苦难。然而，不那么明显的是，旁观者和欺凌者也可能遭受损失。旁观者可能一直担心自己会成为下一个被欺负的人，并且由于不确定如何干预此事而感到矛盾。欺凌者之所以遭受苦难，是因为他们的内心可能深知自己的行为是不友善的和具有破坏性的。

重要的是要理解，欺凌背后往往是根深蒂固的不安全感。作为一名教练，你有责任进行建设性的指导（这样，你的运动员就会自我感觉良好，而不必通过欺负他人来增强自己），建立包容性的团队文化，并对你的运动员如何做到在场上或场外互相尊重设定明确的期望。以这种方式进行指导至关重要的原因有两个。首先，这是正确的事情。其次，如果每个运动员都受到你和队友的关照，感到安全、被尊重、包容，那么每个运动员和整个团队的表现都会更好。NBA冠军篮球运动员兼教练菲尔·杰克逊总结了这种氛围的必要性，他写道："赢得NBA冠军需要许多关键因素，包括天赋、创造力、智力、韧性以及运气的正确组合。但是，如果团队没有最重要的因素——爱，那么其他任何因素都不重要"（Jackson，2014，4）。

当你从关系攻击或情绪欺凌的角度观察时，你是否对自己的团队有担忧？你是否看到危险信号？

如果你看到了什么，甚至是"小"信号，你可能会想将其标记为小插曲或没什么大不了的事情，并继续观察。欺凌者是偷偷摸摸的，除非你特别注意，否则他们的行为无法被察觉。你所看到的始终是冰山顶的雪花。

评估你的团队中是否存在关系攻击问题的一种方法是让你的运动员匿名完成第10章中的"如果你发现了它，你就得到了它"练习。我在为积极教练联盟策划团队建设和反欺凌研讨会时起草了这些协议。你可以根据你的执教风格和情况来调整协议。

练习：建立连接的三个问题

即使你认为团队关系很好，也请在调整训练日，让运动员参加回答三个问题的活动，这可能会非常有益。首先，让他们分成两队彼此面对并配对。请他们闭上眼睛，在宁静之地休息。然后，提供以下指示。

好的，对于本次练习，背对球门的球员将成为回答者，而面对球门的球员将成为倾听者。我将提三个问题。在每个问题之后，回答者将做出回答。倾听者发自内心地倾听，并注意回答者回答时自己出现的想法或感觉。回答者回答了三个问题之后，我们将交换位置，并重复该过程，使倾听者成为回答者。这种做法的目的是支持你的团队成为一个更有凝聚力、更有效的团队。你们彼此之间越是真实地相处，更有凝聚力、更有效的团队产生的可能性就越大。所以要勇敢、要诚实。

回答者至少需要一到两分钟的时间来回答以下每个问题。

我们有什么共同点？

你欣赏我什么地方？

你想让我知道什么？

根据你希望运动员勇敢和真实的程度，你可以鼓励他们变得更加不设防，修改最后一个问题以适合你的情况。

你想让我了解你什么？

我要怎么做我们才能最好地合作？

作为队友，你想让我知道什么？

第一个人（回答者）回答以后，第二个人（倾听者）重复该过程。首次配对中的两个人都回答问题后，让所有运动员暂停，闭上眼睛，呼吸，休息，然后每一个运动员向右侧移一步。重复此过程，直到每个运动员都回答了三个问题。再次让他们暂停、呼吸并让他们向团队中的每个人敞开心扉，练习结束。只有当运动员彼此了解并互相信任时，他们才能达到最佳状态，尤其是在关键情况下。芝加哥小熊队运营总裁西奥·爱泼斯坦（Theo Epstein）认为信任、不设防和人与人连接让他的团队赢得了 2016 年世界大赛。

那天晚上我们在克利夫兰是赢家，当时情况非常糟糕——下雨了，我们的球员已经非常了解彼此，他们可以紧紧聚在一起；他们已经彼此信任以至于他们可以将后背交给彼此，而且他们之间的联系如此紧密，以至于可以帮助彼此提升。我们已经赢了。（Time Staff, 2017）

练习：反应而不是回应

本书的前几章致力于帮助运动员培养在挑战性环境中主动反应（暂停然后选择自己的行为）而不是被动回应（下意识摆脱烦恼和习惯性行为）的技能。作为教练，你可以使用这些相同的技能来应对赛季中遇到的特殊困难——运动员的失误、领导的错误决策、严重的损失，以及与团队、父母和工作人员的冲突。牧师、作家和教育家查尔斯·R·斯温多尔写道："生活中 10% 是发生在我身上的事情，90% 是我对发生在我身上的事情所做出的回应（或反应）。"同样，我强烈建议你阅读这本书前半部分的内容，这样你就可以了解反应的有关基础知识，然后与运动员分享。

这是两个教练在同一场 NFL 比赛中当运动员错过射门得分时不同表现的示例。2016 年 10 月 23 日，亚利桑那红雀队和西雅图海鹰队的比赛以 6：6 结束。在比赛中，两队罚球运动员钱德勒·卡坦扎罗（Chandler Catanzaro，红雀队）和斯蒂芬·豪施卡（Stephen Hauschk，海鹰队）各自错过了一次可兑现的射门得分机会。在赛后新闻发布会上，当被问及错过的射门得分时，红雀队主教练布鲁斯·阿里安斯（Bruce Arians）回答："本可以做到这一点。这是专业队，这不是高中的小孩子，伙计，你是拿薪水去做这件事的。"海鹰队的教练皮特·卡罗尔（Pete Carroll）对错过的射门得分有不同的看法，他这样评价豪施卡："他的努力给了我们一次机会，不幸的是他没有取得最后一分。他在这里已经踢了很多年了……但是我相信随着我们在这里前进，他会赢得很多冠军。我爱他，他是我们的人"（Bariso，2016）。

哪个教练做出了本能回应？

哪个教练有意识地做出了反应？

哪个教练公开提倡正念？

哪个运动员最有可能在下次比赛中进入流畅状态并表现最佳？

请记住，你的反应方式会在无形之中教导你的运动员如何应对错误、受伤和其他困难。像皮特·卡罗尔那样用接受、沉着和自信的态度去做出反应，你的运动员也会做到这一点。

活动：正念交流

正如本章中引用的许多明智教练的名言，执教过程其实是一种建立关系的过程，这种关系在一次次的沟通中建立。因为关系涉及人和他们的思想、情感、"故事"、恐惧和欲望，所以沟通困难是不可避免的。知道这一点，你可以练习正念交流并鼓励你的运动员、员工和他们的父母做同样的练习，以最大限度地减少沟通困难。（有关此练习的详细说明，请参见第 10 章中的"活动：正念交流"。）

简而言之，正念交流意味着在充满挑战的情况下，当事情变得混乱时，你需要花些时间呼吸并允许自己的想法（请参阅第 5 章）、情绪（请参阅第 6 章）、"故事"、恐惧等出现和消失，然后选择明智的表述方式。

你是否可以等到你和你的运动员的挫败感浪潮（见第 6 章和第 10 章）消退后，再问自己以下几点。

- 你的运动员（或队员）无论在什么地方是否都能真正服从你的安排？
- 你沟通和交流的目的是什么？
- 你想让运动员或团队学到什么？
- 你想如何传达你的信息？
- 运动员或团队需要发展特定的身体素质或战术吗？速度、体能、运球、传球、射门、定位和动作、进攻技巧（一对一或组合）、防守态度、理解比赛？
- 运动员或团队缺失了哪些优秀的习惯？

最困难的对话通常是当你必须告诉运动员他在身体上、心理上、情感上，或在与队友和教练的关系方面没有达到预期时的那种对话。尽管这种对话可能会很艰难，但如果对话是有意图、清晰和共情的，它们可以为运动员提供一个重要的关键时刻（请参阅第 11 章），这一时刻要求他们选择是否愿意以及如何继续前进。

以下是美国 21 岁以下国家女子足球教练克里斯·佩特鲁切利（Chris Petrucelli）在 2003 年与卡莉·劳埃德（Carli Lloyd）进行的一次艰难对话的描述。他不得不通知劳埃德，她已被淘汰出队伍。

我记得对她说过："你确实很有才华，但是如果你要成为国家队队员，你在比赛中就有一些漏洞（问题）需要解决……此时，你还没有准备好，但这些事情你必须去做。"

以上就是劳埃德应该做出回应（或更确切地说，做出反应）并证明佩特鲁切利是错误的时刻。这会在以后发生，很久以后。（Carlisle，2015）

你可能知道，卡莉的故事还没有结束。最终，她开始理解，这次谈话是她作为一名球员在发展过程中的关键时刻（见第 11 章），而且谈话是为她好而不是针对她（请参阅第 8 章中的"基本概念：这事发生在我身上，而不是为我发生"）。在谈到被淘汰时，她说："这是教练第一次给我严厉的爱，而我需要它"（Carlisle，2015）。2015 年，经过十多年的严格训练，她在世界杯决赛中踢进了三个漂亮的球，并被评为国际足球联合会年度最佳球员。

基本概念：运动员与运动员的沟通

你是否曾与运动员明确讨论过如何让他们在比赛中、在赛场外、在进展顺利时、在遇到困难时进行彼此交流？你是否鼓励他们使用神奇比例（见第 5 章）并加满队友的情绪油箱（见第 10 章）？你是否尝试过保持沉默进行一场训练，以便他们可以读懂比赛并进行非语言交流？你是否进行过类似的演练，让每个运动员在传球之前必须积极表达？

花点时间考虑一下比赛中高效的团队沟通的细节。

白热化阶段最有效的沟通的特点是 PDQ。

- 积极（Positive）：发出指示的球员（或教练）说出他想让队友做的事情（"切断角度"），而不是他不希望对方做的事情（"不要被打败"）。

- 直接（Direct）：指示是明确而具体的（"跑对角线"），而不是模糊的（"走吧！"）。

- 快速（Quick）：指示快速且易于理解。

使用第 10 章中的正念交流练习，可以更好地解决更复杂的问题。

给团队一份正念的礼物

如果你有明确的意图，建立了包容和合作的环境；和训练身体一样训练运动员的心智和内心；保持神奇的 5 ∶ 1 的比例，并为运动员的情绪油箱加油；支持他们应对错误、挑战、挫折和伤害；反应而不是回应；践行正念交流；让运动员养成优秀的习惯和对比赛的热爱，那么无论你的运动员是大学三年级学生还是奥运会选手，他们都将达到自己的最佳表现。

第 15 章
作为父母

我不认为父母能够"培养"专业运动员，但是他们当然可以通过带走孩子的快乐来摧毁他们。

——马特·比尔克（Matt Birk），明尼苏达维京人队和巴尔的摩乌鸦队职业碗中锋

感谢你阅读本章的内容。我认为你阅读本章是因为你真正致力于在生活中的各个方面（包括体育运动）为孩子提供支持。我希望你完整地阅读了这本书，但你也可能没有这样做。因此，为让你轻松阅读，我交叉引用了之前相关章节的内容。为了确保我们之间达成共识，我将先进行定义，然后提供专门为参与运动项目的孩子的父母设计的入门练习。以下是定义。

正念就是怀着友善和好奇关注当下，这样我们才能选择我们的行为。

想要支持孩子的所有人所面临的困境是，我们对自己的动机和行为的看法常常与孩子们的体验大不相同。简而言之，我们的支持意愿通常会被我们的孩子体验为压力。研究表明，这种压力会对孩子产生消极影响，导致成绩焦虑，运动乐趣减少，运动倦怠，最终导致退出运动。更重要的是，这种压力会增加身体损伤、焦虑和抑郁的风险，最终会对我们与孩子的关系以及他们的健康和福祉产生负面的终身影响。

首先，只需深呼吸，然后重新阅读上一段并对出现的身体感觉、想法和情绪进行友善和好奇的关注。

我们的支持意愿通常会被我们的孩子体验为压力。研究表明，这种压力会对孩子产生消极影响，导致成绩焦虑，运动乐趣减少，运动倦怠，最终导致退出运动。更重要的是，这种压力会增加身体损伤、焦虑和抑郁的风险，最终会对我们与孩子的关系以及他们的健康和福祉产生负面的终身影响。

你的身体有什么感觉？

你脑子里出现了什么想法？

_____

_____

你的心中产生了什么情绪？

_____

_____

也许你的体验是"我不属于这些父母之一，这些不适用于我"。也许是"哦，这可能是我"。也许是"我知道我在推我的孩子，但这一切都是为了他好"。请先深呼吸，并带着友善和好奇注意你的反应……

当最初的反应消退时，你有一个选择：你可以像过去一样继续与孩子互动，或者可以敞开心扉，进行温和的询问。然后，在本章末尾，你可以选择与孩子继续前进的互动方式。

如果你仍在阅读，我认为你已明智地选择探索这个复杂的领域。让我们开始吧。

活动：收集你的资料

让我们开始收集一些资料。你可能很容易告诉自己在脑海中完成这些就可以了，而略过本节的活动。但是如果你真的致力于支持你的孩子并帮助他找到流畅，我鼓励你花时间进行真诚的自我反省。请慢一点，保持友善、好奇和绝对诚实，并写下你的答案。与孩子交谈时，写下答案至关重要。

你对孩子选择的运动抱有怎样的目标和希望？

_____

_____

你希望孩子通过参加体育运动学到什么？

_____

_____

你的孩子在体育方面取得成功对你来说有多重要？

_____

_____

当你的孩子表现良好、获胜或入选团队时，你会怎么说和怎么做？

_____

_____

当你的孩子表现得不好、失败、被淘汰出队伍时，你会怎么说和怎么做？

_____

当你的孩子或孩子所在的队伍获胜时，你对其他球员、父母、教练、裁判和对手有何评价？

_____

如果你的孩子或孩子所在的队伍输了，你对其他球员、父母、教练、裁判和对手有何评价？

_____

有关你的孩子和运动的各种情况，你有什么"故事"要讲，尤其是当事情不像你和孩子所希望的那样发生时？

_____

_____

_____

作为进阶练习，请考虑上述每种情况下你的面部表情和肢体语言。

你的面部表情和肢体语言传达了什么？

_____

你的话语，面部表情和肢体语言是否传达出一致的信息？

_____

如果不是，要知道身体不会撒谎，而且动作（即使是小手势）比言语更有说服力。

现在，让我们进一步探索。

如果你的孩子可以畅所欲言，他会如何描述你在他参加体育运动过程中所施加的影响？

_____

_____

好的。深呼吸。你现在感觉如何？你能简单地在这种感觉里呼吸并让它们在这一刻保持原本的样子吗？

现在你有了一些信息，并对这些信息有了初步反应。也许你对自己养育孩子的方式感觉良好，也许你在怀疑这个反思过程，也许你在反思之前的言行。这是一个很好的暂停时刻，只需让你的体验保持它本来的样子。不需要去证实、捍卫或保护，只需敞开心扉去探索，保持友善和好奇心。

活动：收集孩子的资料

现在是时候与你的孩子一起核对刚才收集的资料了。你的孩子完全有可能感觉到你的爱和支持，但也有可能这些爱和支持的行为对孩子来说是压力，甚至是极端压力。无论是哪种可能，一旦你知道孩子的真实情况，就可以选择是继续还是改变行为。请注意，如果你对接受孩子的反馈一事感到勉强，那么只去做，并怀着友善和好奇去做。

如果你的孩子不愿提供反馈，这有必要引起关注，表明你可能需要寻找一名双方都熟悉的中间人来促进讨论。本节中的问题将使你的孩子与你分享他或她的经历，并且如果你是开放的，你将更容易理解那些经历。

开始对话时，你可以说以下几句话。

我真的想为你选择追求的一切提供支持，无论是体育、学术、音乐还是艺术。我意识到提供支持和施加压力之间存在差异。因此，我想检查并学习一下什么（怎样做）才是对你最有力的支持。这需要你花一些时间来回答几个问题。这些问题是关于你对我参与你的体育运动一事的体验，请与我分享你的答案，这将对我有所帮助。

在你参与体育运动的过程中，你父母对你的目标和希望是什么？

_____

_____

你的父母希望你通过参加体育运动获得和学习什么？

_____

你在这项运动中取得成功对父母来说有多重要？

_____

_____

当你发挥出色、获胜或入选团队时，你的父母会怎么说和怎么做？

_____

当你表现不佳、失败或被队伍淘汰时，你的父母会怎么说和怎么做？

当队伍获胜时，你的父母对你的队友、父母、教练、裁判和对手有何评价？

当队伍失败时，你的父母对你的队友、父母、教练、裁判和对手有何评价？

关于你和你的运动的各种情况，你的父母会讲些什么"故事"，尤其是当事情不像你或父母希望的那样发生时？

父母的面部表情和肢体语言给你传达了什么？

父母的话语、面部表情和肢体语言是否传达一致的信息？

如果你必须用一两句话总结关于你参与体育运动这件事父母的言论和行为所传达的信息，那么你会怎么说？

你父母的哪些言行会让你觉得有压力？

你父母的哪些言行会让你觉得他们是在支持你？

_____

_____

_____

_____

你是否希望父母改变他（或她）在你运动过程中的所作所为，例如在比赛后不批评你，陪同你参加更多比赛，停止摇头，在每次比赛后告诉你三件关于比赛的积极的事情，停止在你比赛时大喊大叫地指示你？考虑你的答案时，请尽可能具体一些。

_____

_____

_____

_____

练习：为理解用爱倾听

父母们，既然你和你的孩子都有机会反思你对他的运动的参与程度，那么你们可以一起坐下来探索他的经历。一项评估初中网球运动员对父母行为的偏好的优秀研究指出："父母可以通过让孩子参与讨论而受益，从而确定父母的哪些行为是对孩子的支持，哪些行为会让孩子感到压力或没有帮助"（Knight, Boden and Holt, 2010）。请记住，研究结果如下。

- 父母高估了自己的支持水平，而低估了孩子的压力水平。（Yesu and Harwood, 2015）
- 孩子承受的压力越大，他参与运动的乐趣就越少。（Kanters, Bocarroand Casper, 2008）
- 孩子越不喜欢运动，就越有可能退出。（Kanters, Bocarro and Casper, 2008）
- 那些自认为孩子创造了一个擅长并享受运动的积极环境的父母，实际上可能是在促使孩子退出运动。（Kanters, Bocarro and Casper, 2008）

因此请用脑和用心记住，你的孩子很有可能感受到比你想象的更大的压力，深吸一口气，并承诺。

- 与你的孩子此时此刻的本真相会；
- 注意到你的任何防御性，以及任何解释、辩解或说出"是的，但是……"的冲动；

- 让上述回应自然发生又结束；
- 选择敞开心扉，真正倾听并尊重你的孩子。

现在邀请你的孩子与你一起分享他对问题的答案。在此过程中，你的任务是保持一颗开放、不设防的心。走进孩子的经历，听听他说什么。

在这里暂停，倾听完你的孩子之后，继续阅读。

希望你现在真的听懂了你的孩子。也许他能感受到你真正的支持，也许他觉得压力比你想象的要大。无论哪种情况，现在你都可以使用这些有价值的信息来思考是什么驱动你做出这样的行为，以便你可以实时捕捉造成压力的行为，并且最重要的是，随时练习在每一刻做出更具支持性的选择。

反思：我们是如何走到这一步的

还记得你的孩子小时候的事吗？当他迈出第一步时，你高兴吗？当他摔倒并刮伤膝盖时，你是否亲吻过他的膝盖？他学会走路，是因为你为他提供了有关如何平衡体重和移动脚部的具体的、详细的说明，还是他自己跌倒后一次又一次地振作起来，自然而然地学会了走路？回顾过去，即使它是微妙的，你是否也能看到从支持到压力的过渡？

在第 5 章"在比赛中找到自我"中，你的孩子学会了观察自己的想法而不相信它们或针对自己。什么想法和"故事"致使我们压迫了我们的孩子？

至少有三个非常普遍的想法促使我们对孩子施压。因此，在这里停下来呼吸，并以友善和好奇觉察在阅读接下来的三句话时，你的身体产生了什么感觉，你的脑海中出现了什么想法，以及你的心中产生了什么情感。

他有潜力。

呼吸……

他可以获得奖学金。

呼吸……

他可以成为职业选手。

呼吸……

也许你的身体感觉舒畅，你会想"是的，那会很棒。我们会看到"，你会感到有些兴奋。又或者你体内拥有高强度的、紧张的、令人焦躁不安的能量，让你想到"他（孩子）需要更多训练。我要和顶尖队伍的教练为她安排一些私人训练"，而且你感到焦虑。这都没问题。没必要去判断好坏、更改或修复。如果你的体验更像第二种，你的孩子感到的压力可能会比支持更大。

在继续之前，请再看一遍这三句话。它们建立在过去的基础上，还是现在，还是未来？它们都建立在未来的基础上，对所有人（运动员、父母、人类）来说，我们大部分的紧张、焦虑和压力都来自过分关注未来。

基本概念： 奖学金——现实

让我们在这里停下来，走出对未来的幻想，进入关于青年体育至高追求（至少在美国）的当下现实———一等学院奖学金。当我们的孩子还小的时候，对我们来说简单的支持和鼓励是相对容易的。随着他们的成长，尤其是如果他们开始在某项运动中出类拔萃，对我们来说保持洞察力和不过度依赖具体结果变得越来越困难，尤其是关乎难以捉摸的大学奖学金。

你对孩子所选择的运动项目的大学奖学金的了解如何？下表中的信息来自 NCAA。这些表按性别显示了参加每项运动的高中运动员的数量，以及得以继续参加每个 NCAA 运动分支的高中运动员的百分比（类似于升学率）。对于越来越多的体育运动，许多在寻求奖学金方面最具竞争力的运动员选择在精英旅行队而不是高中队比赛。对于此类运动（表中的运动），表中的数字低估了争夺奖学金的运动员的数量，因此，这张表也高估了获得奖学金的运动员的比例（实际比例要低得多）。而且，显而易见的是，每种运动中只有极少数人从大学升入职业队或达到奥运会水平（Bonesteel，2015；NCAA，2017）。

男子 NCAA 奖学金

运动项目	高中生参与人数	NCAA参与人数	高中生升入NCAA的总体百分比	高中生升入NCAA第一层级的百分比	高中生升入NCAA第二层级的百分比	高中生升入NCAA第三层级的百分比
棒球	486 567	34 198	7.0	2.1	2.2	2.7
篮球	541 479	18 697	3.5	1.0	1.0	1.4
越野赛	250 981	14 330	5.7	1.9	1.4	2.3
橄榄球	1 083 617	72 788	6.7	2.6	1.8	2.4
高尔夫	148 823	8 654	5.8	2.0	1.7	2.1
曲棍球	35 875	4 071	11.3	4.6	0.5	6.3
长曲棍球	108 450	13 165	12.1	2.9	2.2	7.1
足球	432 569	24 477	5.7	1.3	1.5	2.8
游泳	137 087	9 715	7.1	2.8	1.1	3.2
网球	157 240	8 211	5.3	1.7	1.1	2.4
田径	578 632	28 177	4.9	1.9	1.2	1.7
排球	54 418	1 818	3.3	0.7	0.8	1.8
水球	21 626	1 044	4.8	2.6	0.7	1.5
摔跤	258 208	7 049	2.7	1	0.7	1.0

女子 NCAA 奖学金

运动项目	高中生参与人数	NCAA参与人数	高中生升入NCAA的总体百分比	高中生升入NCAA第一层级的百分比	高中生升入NCAA第二层级的百分比	高中生升入NCAA第三层级的百分比
篮球	429 504	16 589	3.9	1.2	1.1	1.6
越野赛	221 616	16 150	7.3	2.7	1.7	2.8
曲棍球	60 549	5 894	9.7	2.9	1.2	5.7
高尔夫	72 582	5 221	7.2	3.0	2.1	2.1
冰球	9 418	2 175	23.1	9.0	1.1	13.1
长曲棍球	84 785	10 994	13.0	3.7	2.5	6.7
足球	375 681	26 995	7.2	2.4	1.9	2.9
垒球	364 103	19 628	5.4	1.7	1.6	2.1
游泳	166 838	12 428	7.4	3.2	1.1	3.1
网球	182 876	8 960	4.9	1.6	1.1	2.2
田径	478 726	28 797	6.0	2.7	1.5	1.8
排球	432 176	17 026	3.9	1.2	1.2	1.6
水球	19 204	1 152	6.0	3.5	1.1	1.4

一项名为"美国体育与健康"的研究（NPR，Robert Wood Johnson Foundation and Harvard T. H. Chan School of Public Health ，2015）发现，26％的高中运动员的父母希望他们的孩子继续从事职业运动。博恩斯蒂尔（Bonesteel）对这项研究的准确总结如下。

"换句话说，有 26% 的高中运动员的父母持有错觉，因为他们的孩子升入职业行列的概率非常低"（Bonesteel，2015）。

同样，在这里暂停并勇敢和诚实地检查自己。你的身体、思想和内心正在发生什么？即使我们知道了上述统计数据，也常常会感到体内躁动，感到焦虑或防御，并认为"是的，而我的孩子就是为数不多的具有真实能力的人之一"。也许你的孩子的确如此。

但这就是问题：如果你的孩子确实有机会，那么你需要知道，精明的教练对运动员的评价远不止于统计数据。根据莉萨·赫弗南（Lisa Heffernan）和珍妮弗·华莱士（Jennifer Wallace，2016）的研究，最好的教练和团队正在寻找能够以韧性和优雅来面对挑战（见第 8 章），能够表现出体育精神和诚实（见第 11 章），并能成为坚定不移的队友（见第 10 章），养成优秀的习惯（见第 12 章）并且真正热爱比赛（见第 13 章）的运动员。2016 年世界大赛冠军芝加哥小熊队运营总裁西奥·爱泼斯坦重申了以下几点。

在我职业生涯的早期，我曾经将球员视为资产，视为电子表格上的统计数据……事实（正如我们的团队在克利夫兰所证明的那样）是球员的性格至关重要，心跳很重要，恐惧和愿望很重要，运动员对他人的影响至关重要，他的语气很重要。与他人连接的意愿，在俱乐部中打破派系和克服刻板印象很重要。你是谁，如何与他人共处很重要。以上种种都很重要。（Time Staff，2017）

正如你可能已经猜到的那样，父母的压力通常会破坏教练所追求的品质，而父母的支持则会培养教练所追求的品质。

现在，如果你的孩子真的没有获得奖学金的机会，发现另一种喜好或受到严重伤害该怎么办？你希望他从花在田径场、体育馆、溜冰场或游泳池的所有时间中学到什么？哪些技能可以帮助他达到最佳表现，并在职业、友谊、家庭和社区中快乐地分享自己的天赋？幸运的是，上面列出的可以帮助他获得奖学金的技能与当他不再参加比赛时仍然茁壮成长所需的技能完全相同。简而言之，支持你的孩子发展正念并养成优秀的习惯，不仅会帮助他入选，而且在他没有入选时也将帮助他，并且有助于他一生的发展。因此，发展正念绝对会有所收获。

反思：你也被评估

还有一个考虑：越来越多精明教练和球探（有录用权的人）开始在录取过程中考虑父母以及运动员与父母之间的互动。教练和球探正在评估你的行为和你在社交媒体上发的帖子。美国西北大学首席足球教练帕特·菲茨杰拉德（Pat Fitzgerald）指出："当我们谈论自己对运动员是否满足时，我们也在评估父母。如果父母不适合，那么我们可能会录用运动员，而最终不会向他提供奖学金"（Bastie，2017）。因此，你不仅希望你的孩子练习正念，而且你自己也应该练习正念。你需要练习在场地入口处检查自我和自己对孩子表现的依赖；当事情进展不如预期时做出反应而不是回应（见第 7 章）；在公共场合或通过社交媒体批评队友、教练或裁判之前，要进行思考（见第 11 章）。

反思：为什么要练习正念

只需注意以下哪个主题最能激发你养成支持性的态度和行为。

你是否有动机去支持孩子的正念练习和养成优秀的习惯，因为这将帮助他获得奖学金，还是因为这将在以后有助于他的生活，还是两者兼而有之？

你是否有动机进行正念练习，因为它可以帮助你的孩子获得奖学金，可以帮助你为孩子提供更多的支持，可以帮助你更好地生活，或以上所有方面？

再说一次，对你来说什么都是对的，只要对自己诚实。只有当你告诉自己真相时，你才能做出明智的选择。

反思：认识到我们何时给孩子施加压力

你可能已经猜到了，本章的前半部分是基于你（像研究中的父母和每日新闻报道中的父母，我也一样，偶尔或经常）从支持到给孩子施压的可能性。

作为人，如果我们意识到自己的倾向，我们就可以停下来选择自己的行为。

请知晓，我并不是在建议你像各种新闻报道中的极端父母一样，也不希望你在各个层面上完全迎合你的孩子。只是有时候，我们对孩子的爱、对比赛的热爱以及对未来的幻想结合在一起，以至于让我们失去远见。我知道我有时会迷失方向。因此，不时与你自己和你的孩子一起相互核查，确保没有迷失将是很有益的。

自我核查包括身体觉察（见第 3 章）、观察想法（见第 5 章）和照顾情绪（见第 6 章）。如果你发现了不安的、焦虑的、操之过急的身体情绪，那么你可能过度投入了（关心则乱），这会增加你给孩子施压的概率。如果我们听从布兰迪·查斯顿的这一明智警告，我们的孩子可能更容易找到流畅："我们的孩子常常会觉得温柔的托举像是猛烈的推搡"（Chastain，2004，45）。

这是我的故事。我有两个孩子。我儿子从 13 岁开始骑竞技自行车，完全出于自我激励，并且致力于他的训练。他 18 岁那年开始参加职业比赛。在初中的大部分时间里，我的女儿都参加了竞争激烈的旅行队并真正爱上了足球。在某个时候，她的兴趣转向了音乐和戏剧。因为我的爱好是运动，所以我没有看到她的新兴趣，也没有创造环境让她交流。有一段时间我完全没有意识到自己对她踢足球这件事的依赖。但是说实话，我能感觉到一股推动能量的暗流。它在我的身体里表现为一种渴望的期待；在我的心理上表现为希望和忧虑；在我的行为上，我会问一些看似中立的问题。

幸运的是，G 教练（见前言）介入了。首先，她支持我女儿拥有自己的真实想法；然后，她支持我敞开心扉，真正倾听我女儿的想法。幸好我女儿当时正在学习生活课程并通过音乐和戏剧寻找流畅。在儿子骑自行车、女儿上大学，以及我自己的专业发展（包括写这本书）这些事上，有时我能感受到那种逼迫、不顾一切的能量。当我感到这种特殊的能量时，我会尽量保持友善和好奇地观察它，让它过去，然后选择明智又快乐的下一步（见第 8 章）。

前面的段落并不意味着我们应该对孩子的运动经历秉持中立态度，或者在任何时候都没有那种强硬的爱。相反，这是在邀请你学会认识到你对特定结果的依赖和投入，并学会以与第 8 章中所学到的相同的方式接受孩子运动经历中的高潮和低谷。最终，我们的工作是帮助我们的孩子关注自己的身体，观察自己的思想，与情感成为朋友，应对困难，应对挑战，从错误中学习，以正直的态度行事，成为优秀的队友，养成优秀的习惯。最重要的是，不管他们的特定结果如何，培养他们对比赛的热爱。只有通过练习这些技能，我们才能支持我们的孩子做同样的事情。

练习：选择你的行为

如果你明确地想进入支持领域，或者（根据本章开始时对问题的回答，与孩子的讨论，以及你的身体感觉、思想、情绪和行为）你怀疑自己已经一再越过从支持到施压的界限，那么致力于用以下的支持性练习来进行充满正念的工作。谨在此提醒你，用正念的方式意味着随时随地以友善和好奇来关注自己的体验，以便选择自己的行为。当你做练习的时候请注意。

- 你的身体、思想和内心以及行为发生了什么变化；
- 任何反对这些练习的阻力，包括"是，但是……"或"我只是要对此发表评论"式的思考；
- 你可能会无意识地恢复旧习惯；
- 你孩子的反应（更加放松，更安逸、愉悦，更乐于冒险）；
- 你与孩子、与他的队友、与队友的父母、与他的对手和教练的关系发生的任何变化；

- 在一场比赛中你自己想要表达的感觉都会在你的言语和行动中有所体现；
- 当旧习惯逐渐恢复时，只需对自己微笑并重新练习即可。

就像你的孩子正在掌握一种新的身体、精神或情绪技能时一样，想要将这些新的运动技能发展到在紧要关头仍能可靠运用的地步，这需要反复努力。你是否愿意承诺像孩子发展自己的技能一样发展这些技能？

保持对过去的积极性

在我为美国青年足球组织执教的第一个赛季中，总教练制定了一条规则，即在比赛中我们只能对过去发生的行为做出积极的陈述。可悲的是，他制定这条规则是因为他意识到自己的高压型执教方式已经将他才华横溢的十几岁的女儿赶出了这项运动，并且他不想对自己六岁的小女儿犯同样的错误。这种类型的父母式执教并不罕见。奥运会和世界杯足球冠军布兰迪·查斯顿记得她父亲的高压型执教风格："我父亲在场上当裁判，仍会对我大吼大叫。我觉得我的本能正在引导着我，但是每次我听到他的声音时，我都无法做任何事情。他试图提供帮助，但这只会让我无法工作"（Chastain，2004，47）。

我喜欢美国青年足球组织总教练的积极指导原则。遵循此规则，你可以获得令人惊讶的简单"指导"。"很好！""我喜欢你们彼此之间的交谈方式！""很好的上垒！""美丽的防守！"虽然这条规则对高水平运动队的教练来说是绝对不够的，但它对支持性地养育子女是理想的选择。它阻止了我们对孩子大喊大叫，并允许他们做出自己的选择，可以通过玩游戏来学习，并可以真正听到他们的教练和队友的声音。

这个练习是加满情绪油箱和保持五个积极互动与一个消极互动的神奇比例（见第14章）的又一个例子，这两者都是健康关系的标志。

我喜欢看你的比赛

这是另一种支持性父母的做法。如果你上网搜索"我喜欢看你的比赛"，你会发现许多写得很好的文章，这些文章将帮助你表达对孩子的爱和观看孩子的比赛的乐趣。但是，如果在每次比赛后只会说"我喜欢看你的比赛"，则这句话将变得空洞。因此，练习要更有针对性："我喜欢看到你……摆脱那个错误，面对那个强硬的防守者保持自己的状态，坚强地完成比赛，帮助对手站起来，干净地落地……"

首先倾听

在特别困难的时刻，尤其是当你和你的孩子处在不应期（见第 6 章）时，最好只是简单地提供安慰，并让你的孩子带头。这种强大的操作方式简单到令人吃惊，却往往能在孩子成绩特别惨或重大失败之后，让孩子得到最需要的支持。请注意，当你迫切希望说些什么，使孩子感觉更好或对自己的比赛发表评论时，吸一口气，提供宽敞的空间。为你和你的孩子营造时间和空间去照顾彼此的情绪和感受（见第 6 章），并让你的孩子来领导。南希·斯塔尔（Nancy Star）写了一些有关抚养运动儿童的文章，她认识到保持沉默并让我们的孩子领路的力量。

如果我看到有人在受伤，我不会为了解他们的痛苦而感到害羞。发现没有什么能比站在一旁沉默见证更好，这是多么大的启发啊……

沉默的目的并不是阻止谈话，那是给我女儿一个主动开启对话的空间。（Star，2017）

给你的孩子一份正念的礼物

在今后的一个月，请执行以下操作。

- 注意到那些表明你是在压迫而不是支持的身体感觉、思想、情绪和行为；
- 保持对过去的积极性；
- 分享为什么你特别喜欢看孩子的比赛；
- 倾听你的孩子；
- 旧习惯卷土重来时练习自我同情（见第 9 章）；
- 重新承诺为孩子提供支持。

若你是愿意通过进阶练习挑战自我的人，在你与孩子一起进行至少一个月的练习后，可以通过与孩子的队友和对手一起进行练习来增加难度。想象一下，如果每个父母都致力于这些练习，孩子的运动体验将会是怎样的。

九点谜题解决方案

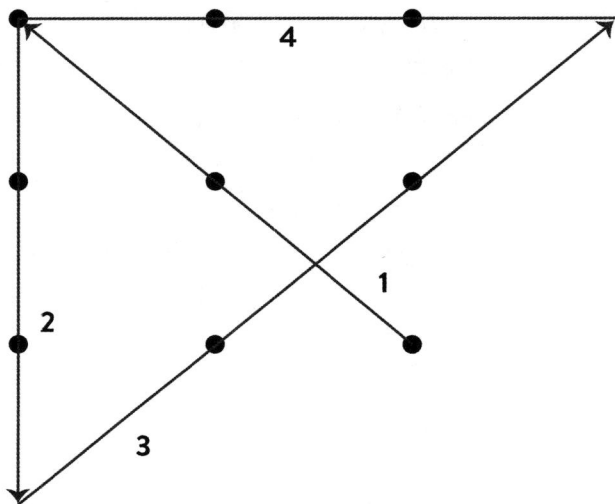

推荐阅读

吉姆·阿弗莱莫的《通往卓越之路：像冠军一样思考、感受和行动》（该书的英文原版于 2013 年出版）。这本书前半部分传授奥运选手使用的心理训练技巧，后半部分通过各领域运动员的真实案例展示这些技巧在训练和比赛中的运用。

丹尼尔·詹姆斯.布朗的《激流男孩》（该书的英文原版于 2013 年出版）。这本书讲述了九名来自美国华盛顿州的工人阶级男孩的动人而深刻的故事 —— 他们在大萧条时期艰难成长，克服重重困难，磨砺出成为一支真正的赛艇队所需的毅力与谦逊，最终在 1936 年柏林奥运会上摘得金牌。

布兰迪·查斯坦的《与胸罩无关：在竞技体育中努力拼搏、公平竞争，找回乐趣》（该书的英文原版于 2004 年出版）。这本书中，布兰迪·查斯坦谦逊地分享了自己作为运动员的成长经历 —— 在从青少年球员成长为奥运金牌得主和世界杯冠军的过程中，她遇到的挑战、困惑、怀疑、失误以及最终收获的胜利、宝贵经验与领导力。

蒂莫西·加尔韦的《心态制胜：超越评判、释放潜能的内在秘诀》（该书的英文原版于 2008 年出版）。在这本书中，蒂莫西·加尔韦提供了详细的建议，帮助读者掌握调节心态的秘诀——克服自我怀疑、紧张和注意力不集中，从而自然地提升身体表现。书中的经验适用于任何运动项目，即使网球并非你的运动领域，你也可以从中受益。

肖恩·格林的《棒球之道：在 95 英里 / 时的速度中寻找宁静之地》（该书的英文原版于 2011 年出版）。这本书中，肖恩·格林讲述了自己如何通过 "正念挥棒" 打破多项 MLB 纪录，以及如何借助正念练习应对 "成功" "失败" 和伤病带来的心理挑战，同时改善与教练、队友、球迷及亲友的关系。

菲尔·杰克逊的《神圣篮筐：硬木地板上的精神启示（修订版）》（该书的英文原版于 2006 年出版）。这本书中，杰克逊分享了其 "正念篮球" 哲学理念的核心，讲述了他如何说服迈克尔·乔丹及芝加哥公牛队全体成员从 "自我" 走向 "团队"，并最终斩获六次 NBA 总冠军的故事。

菲尔·杰克逊的《11 枚戒指：禅师菲尔·杰克逊自传》（该书的英文原版于 2014 年出版）。这本书中，菲尔·杰克逊进一步阐述了他在《神圣篮筐：硬木地板上的精神启示》中提供的智慧，并分享了他在执教芝加哥公牛队和洛杉矶湖人队期间的见解。他通过这些冠军球队的执教经历，深入探讨了团队合作、领导力和成功的本质。

乔治·芒福德的《正念运动员：纯粹表现的秘诀》（该书的英文原版于 2015 年出版）。这本书中，乔治·芒福德分享了自己的人生历程 —— 从大学篮球运动员、经历伤病，到教导监狱犯人正念，最终指导迈克尔·乔丹、科比·布莱恩特、冠军球队洛杉矶湖人队和芝加哥公牛队，以及其他精英运动员和企业高管。

参考文献

Abrams, J. 2015. "Hustle and Flow." Grantland. June 10.

Afremow, J. 2013. *The Champion's Mind: How Great Athletes Think, Train, and Thrive.* New York: Rodale.

Agassi, A. 2009. *Open: An Autobiography.* New York: Alfred A. Knopf.

American Academy of Sleep Medicine. 2008. "Ongoing Study Continues to Show That Extra Sleep Improves Athletic Performance." June 9.

Baltzell, A. 2016. "Self-Compassion, Distress Tolerance, and Mindfulness in Performance." In *Mindfulness and Performance,* edited by A. L. Baltzell, 53–77. New York: Cambridge University Press.

Bariso, J. 2016. "These 2 NFL Coaches Reacted Very Differently to Their Players'Mistakes— and Taught Us a Major Lesson in Leadership." Inc. October 24.

Bastie, F. 2017. "Recruiting Column: Top 5 Things Some Parents Do That Annoy College Coaches." *USA Today,* High School Sports, April 12.

Beard, A. 2012. "Bela Karolyi." *Harvard Business Review,* July–August.

Bernier, M., E. Thienot, R. Codron, and J. F. Fournier. 2009. "Mindfulness and Acceptance Approaches in Sport Performance." *Journal of Clinical Sport Psychology* 4: 320–333.

Block, M. 2016. "After Going for Gold, Athletes Can Feel the Post-Olympic Blues." NPR. org. September 8.

Bonesteel, M. 2015. "The Number of Parents Who Think Their High School Athlete Will Play Pro Sports Is Absurdly High." *Washington Post,* September 9.

Bowmile, M. 2016. "Santo Condorelli Flips Off His Dad Before Every Race." Swim Swam. January 27.

Breines, J. G., and S. Chen. 2012. "Self-Compassion Increases Self-Improvement Motivation." *Personality and Social Psychology Bulletin* 38: 1133–1143.

Brouns, F., W. Saris, and H. Schneider. 1992. "Rationale for Upper Limits of Electrolyte Replacement During Exercise." *International Journal of Sport Nutrition* 2: 229–238.

Brown, D. 2016. "How Stephen Curry's 3-Point Shooting Scores for Kids in Africa."Mercury News, April 14.

Brown, D. J. 2013. *The Boys in the Boat: Nine Americans and Their Epic Quest for Gold at the 1936 Berlin Olympics.* New York: Penguin Books.

Brown, E. No date. "How Much Sugar Should Your Sports Drink Contain? Research on Carbohydrate Concentration, Sugar Combination and Impact on Marathon Performance." Runners Connect. Accessed May 1, 2017.

Buzinski, J. 2013. "Rating the Best and Worst Apologies of Athletes Who Made Gay Slurs."Outsports. June 6.

Carlisle, J. 2015. "How Getting Cut Helped Carli Lloyd Refocus and Find Her Spot on the USWNT." ESPNW. June 3.

Carmichael, S. G. 2015. "How to Coach, According to 5 Great Sports Coaches." *Harvard Business Review*, February 25.

Chastain, B. 2004. *It's Not About the Bra: Play Hard, Play Fair, and Put the Fun Back into Competitive Sports.* New York: HarperCollins.

Chastain, B. 2015. "Letter to My Younger Self." Players' Tribune. July 7.

Chödrön, P. 2002. *Comfortable with Uncertainty: 108 Teachings on Fearlessness and Compassion.* Boston: Shambala Publications.

Csikzszentmihalyi, M. 2009. *Flow: The Psychology of Optimal Experience.* New York. Harper and Row.

Dampf, A. No date. "Vonn Apologizes After Destroying Ski with Hammer in Video." *Sports Illustrated.*

Ekman, P. 2007. *Emotions Revealed: Recognizing Faces and Feelings to Improve Communication and Emotional Life.* 2nd ed. New York: Henry Holt.

Fatigue Science. 2015. "Jet Lag's Impact on Athlete Performance: Part 3." *Fatigue Science* (blog). December 10.

Ferguson, L. J., K. C. Kowalski, D. E. Mack, and C. M. Sabiston. 2014. "Exploring Self-Compassion and Eudaimonic Well-Being in Young Women Athletes." *Journal of Sport and Exercise Psychology* 36: 203-216.

Florio, J., and O. Shapiro. 2016. "The Dark Side of Going for the Gold." Atlantic, August 18.

Frank, N. 2016. "Steve Kerr, Luke Walton and the Positive Coaching Legacy Leading the Warriors." WTOP. February 29.

Frye, C. 2017. "Sorry for Yelling, Now Let's Go Get a Juice Box." Players' Tribune. April 14.

Gallagher, T. 2016. "Wrestler Accepts Forfeit in Honor of Late Spencer Foe." *Sioux City Journal*, January 12.

Gallwey, W. T. 2008. *The Inner Game of Tennis: The Classic Guide to the Mental Side of Peak Performance.* New York: Random House.

Gibbs, L. 2016. "Serena Williams' Inspiring Defeat." Think Progress. January 30.

Gooding, A., and F. L. Gardner. 2009. "An Investigation of the Relationship Between Mindfulness, Preshot Routine, and Basketball Free Throw Percentage." *Journal of*

Clinical Sport Psychology 3:303–319.

Gottman, J. M. 1994. *What Predicts Divorce: The Relationship Between Marital Processes and Marital Outcomes*. New York: Lawrence Erlbaum.

Green, S. 2011. *The Way of Baseball: Finding Stillness at 95 MPH*. New York: Simon and Schuster.

Haase, L., A. C. May, M. Falahpour, S. Isakovic, A. N. Simmons, S. D. Hickman, T. T. Liu, and M. P. Paulus. 2015. "A Pilot Study Investigating Changes in Neural Processing After Mindfulness Training in Elite Athletes." *Frontiers in Behavioral Neuroscience* 9: Article 229.

Heffernan, L., and J. B. Wallace. 2016. "What College Sports Recruiters Can Teach Your Child." *New York Times*, Well (blog). June 21.

Holmes, B. 2015. "Kobe Talks Evolution of Empathy, Understanding for Teammates." ESPN. December 27.

Hubbling, A., M. Reilly–Spong, M. J. Kreitzer, and C. R. Gross. 2014. "How Mindfulness Changed My Sleep: Focus Groups with Chronic Insomnia Patients." BMC Complementary and Alternative Medicine 14: 50.

Ivarsson, A., U. Johnson, M. B. Andersen, J. Fallby, and M. Altemyr. 2015. "It Pays to Pay Attention: A Mindfulness-Based Program for Injury Prevention with Soccer Players." *Journal of Applied Sport Psychology* 27: 319–334.

Jackson, P. 2014. *Eleven Rings: The Soul of Success*. New York: Penguin Books.

Jackson, S. 2016. "Flow and Mindfulness in Performance." In *Mindfulness and Performance*, edited by A. L. Baltzell, 78–100. New York: Cambridge University Press.

Jeukendrup, A., and M. Gleeson. 2010. *Sport Nutrition: An Introduction to Energy Production and Performance*. 2nd ed. Champaign, IL: Human Kinetics.

John, S., S. K. Verma, and G. L. Khanna. 2011. "The Effect of Mindfulness Meditation on HPA-Axis in Pre-Competition Stress in Sports Performance of Elite Shooters." *National Journal of Integrated Research in Medicine* 2: 15–21.

Kabat–Zinn, J., B. Beall, and J. Rippe. 1985. "A Systematic Mental Training Program Based on Mindfulness Meditation, to Optimize Performance in Collegiate and Olympic Rowers." Poster session presented at the World Congress in Sport Psychology, Copenhagen, Denmark, June.

Kanters, M. A., J. Bocarro, and J. M. Casper. 2008. "Supported or Pressured? An Examination of Agreement Among Parents and Children on Parent's Role in Youth Sports." *Journal of Sport Behavior* 31: 64–80.

Kaufman, K., C. R. Glass, and T. R. Pineau. 2016. "Mindful Sport Performance Enhancement (MSPE)." In *Mindfulness and Performance*, edited by A. L. Baltzell,

153–185. New York: Cambridge University Press.

Kawakami, T. 2015. "Luke Walton, Steve Kerr and the Warriors' Four Core Values: Joy, Mindfulness, Compassion and Competition." *Mercury News, Talking Points* (blog). November 24.

Kerr-Dineen, L. 2015. "Jordan Spieth Gave the Most Humble Response Ever After Winning $10 Million." *USA Today Sports*, For the Win, September 28.

Kiefer, D. No date. "The Artist." Gostanford.com.

Knight, C. J., C. M. Boden, and N. L. Holt. 2010. "Junior Tennis Players' Preferences for Parental Behaviors." *Journal of Applied Sports Psychology* 22.

Leung, D. 2015. "Tech Wins a Starting Spot for Warriors." *Mercury News*, November 17.

Lichtman, C. 2016. "Chapters." *Musings of a Vagabond* (blog). July 1.

Litman, L. 2015. "How Julie Johnston's Worst Nightmare Sparked a Victory Over Germany." *USA Today*, July 1.

Lloyd, C., and W. Coffey. 2016. *When Nobody Was Watching: My Hard-Fought Journey to the Top of the Soccer World*. New York: Houghton Mifflin Harcourt.

Losada, M. 1999. "The Complex Dynamics of High Performance Teams." *Mathematical and Computer Modelling* 30: 179–192.

Losada, M., and E. Heaphy. 2004. "The Role of Positivity and Connectivity in the Performance of Business Teams: A Nonlinear Dynamics Model." *American Behavioral Scientist* 47: 740–765.

Mah, C. D., K. E. Mah, E. J. Kezirian, and W. C. Dement. 2011. "The Effects of Sleep Extension on the Athletic Performance of Collegiate Basketball Players." *Sleep* 34: 943–950.

Mape, A. 2016. "My Parents Made Me into a Professional Athlete." I Love to Watch You Play. April 5.

Mazeika, V. 2015. "Stanford Football: Owusu's Catch Defies Logic, Not Science." *Mercury News*, October 21.

McArdle, W. D., F. I. Katch, and V. L. Katch. 2007. *Exercise Physiology, Energy, Nutrition, and Human Performance*. 6th ed. Baltimore: Lippincott, Williams, and Wilkins.

Moore, Z. E. 2016. "Mindfulness, Emotion Regulation, and Performance." In *Mindfulness and Performance*, edited by A. L. Baltzell, 29–52. New York: Cambridge University Press.

Mosewich, A. D., P. R. E. Crocker, K. C. Kowalski, and A. DeLongis. 2013. "Applying Self-Compassion in Sport: An Intervention with Women Athletes." *Journal of Sport and Exercise Psychology* 35: 514–524.

Mosewich, A. D., K. C. Kowalski, C. M. Sabiston, W. A. Sedgwick, and J. L. Tracy. 2011. "Self-Compassion: A Potential Resource for Young Women Athletes." *Journal of Sport and Exercise Psychology* 33: 103–123.

Mumford G. 2015. *The Mindful Athlete: Secrets to Pure Performance.* Berkeley, CA: Parallax Press.

NCAA. 2017. "Estimated Probability of Competing in College Athletics." NCAA. March 10.

Neff, K. D. 2011. *Self-Compassion: The Proven Power of Being Kind to Yourself.* New York: HarperCollins.

Neff, K. D., Y.-P. Hsieh, and K. Dejitterat. 2005. "Self-Compassion, Achievement Goals, and Coping with Academic Failure." *Self and Identity* 4: 263–287.

NPR. 2016. "Remembering the 'Great Santini' Author Pat Conroy." *Fresh Air.* March 11.

NPR, Robert Wood Johnson Foundation, and Harvard T. H. Chan School of Public Health, eds. 2015. "Sports and Health in America." Public opinion poll series.

Orr, C. 2016. "Tony Romo: Dak Prescott's Earned Right to Be QB." NFL.com. November 15.

O'Sullivan, J. 2015. "The One Quality Great Teammates Have in Common." Changing the Game Project. October 13.

Park, A. 2016. "The Olympic Gymnast Who Overcame a Drug-Addicted Mother." *Time,* June 2.

Peterson, G. 2016. "Warriors' Draymond Green Schools Oakland High Students." *Mercury News,* October 12.

Proactive Coaching. 2015. "Good teams don't have an 'in group' and an 'out group.'" Facebook post. October 26. Accessed May 1, 2017.

Reis, N. A., K. C. Kowalski, L. J. Ferguson, C. M. Sabiston, W. A. Sedgwick, and P. R. E. Crocker. 2015. "Self-Compassion and Women Athletes' Responses to Emotionally Difficult Sport Situations: An Evaluation of Brief Induction." *Psychology of Sport and Exercise* 16: 18–25.

Riley, L., and L. Dillman. 2014. "Lindsey Jacobellis Back for More in Snowboard Cross at Sochi Olympics." *Los Angeles Times,* February 15.

Samuels, D. 2016. "7 Things That College Coaches Want to See in a Prospect's Social Media." June 27.

Scott, N. 2016. "Jack Sock Gives Point to Lleyton Hewitt in Incredible Moment of Sportsmanship." *USA Today,* January 6.

Scott-Hamilton, J., N. S. Schutte, and R. F. Brown. 2016. "Effects of a Mindfulness Intervention on Sports-Anxiety, Pessimism, and Flow in Competitive Cyclists." *Applied Psychology: Health and Well-Being* 8: 85–103.

Shipnuck, A. 2016. "Stephen Curry and Wife Ayesha on Marriage, Kids and Their Matching Tattoos." *Parents Magazine.*

Star, N. 2017. "The First Rule of Sports (and All) Parenting: Don't Speak." *Washington Post,* February 28.

Stepp, J. 2016. "Came across an awful Twitter account today. Shame the kid was a really good player ... On to the next ... get a clue." Coachjstepp. January 8. 8:09 a.m. Tweet.

Stickells, L. 2015. "Greater Than Gold: Elizabeth Price Realizes Life Beyond the Olympics." *Stanford Daily*, January 29.

Summitt, P., and S. Jenkins. 1998. *Reach for the Summit: The Definite Dozen System for Succeeding at Whatever You Do*. New York: Broadway Books.

Talansky, A. 2016. "I'm Back!" *Andrew Talansky* (blog). October 19.

Taylor, J. 2012. "Sport Imagery: Athletes' Most Powerful Mental Tool." *Psychology Today*, November 6.

Thompson, J. 2011. *Elevating Your Game: Becoming a Triple-Impact Competitor*. Portola Valley, CA: Balance Sports Publishing.

Thompson, M. 2015. "Stephen Curry's Long, Long Road to NBA MVP." *Mercury News*, May 4.

Time Staff. 2017. "Theo Epstein at Yale Class Day: 'Choose to Keep Your Heads Up.'" *Time*, May 22.

Van Bibber, R. 2014. "The Worst of the Richie Incognito/Jonathan Martin Report." SB Nation. February 14.

Ward-Henninger, C. 2016. "Rio Olympics 2016: Michael Phelps Wins Gold in Final Race of Career." CBSSports. August 14.

Wilner, J. 2015. "Shaw Starting to Shed His Dispassionate Demeanor." *Mercury News*, October 24.

Women's Health. 2012. "Olympians Share Their Personal Mantras: Find Out What Motivates These Winning Women." *Women's Health*, June 29.

Wooden, J., and J. Reger. 2002. *Quotable Wooden: Words of Wisdom, Preparation, and Success by and About John Wooden, College Basketball's Greatest Coach*. Lanham, MD: Taylor Trade.

Wyshynski, G. 2016. "Kerri Walsh Jennings, the Anti-Hope Solo in First Olympic Defeat." Yahoo! Sports. August 16.

Yesu, L., and E. A. Harwood. 2015. "The Effects of Parental Involvement, Support, and Pressure on Athletic Participation." *InSight: Rivier Academic Journal* 11: 1-12.

Yoon, J. S., E. Barton, and J. Taiariol. 2004. "Relational Aggression in Middle School: Educational Implications of Developmental Research." *Journal of Early Adolescence* 24:303-318.

Young, S. 2011. *Natural Pain Relief: How to Soothe and Dissolve Physical Pain with Mindfulness*. Boulder, CO: Sounds True.

作者简介

埃米·萨尔茨曼（Amy Saltzman），医学博士，职业运动员，整体医学医生，正念教练，偶尔创作诗歌。从初中开始，萨尔茨曼便参与体操运动并担任教练；大学期间，她以替补队员身份进入斯坦福大学体操校队。后来她转向竞技自行车运动领域，并常年坚持进行骑行、跑步、瑜伽和单板滑雪等休闲运动。她是一名职业运动员和一名表演艺术家的母亲。

她被公认为青少年正念领域的开拓者。她还是教育正念协会的创始人兼董事长，教育正念网络指导委员会的创始成员和长期委员，北加州正念咨询委员会的创始成员。

作为一名正念教练，萨尔茨曼热衷于帮助各年龄段人群找到流畅状态。她现居美国旧金山湾区，在那里提供整体医学服务和正念指导。她通过线下或线上方式为在各个领域希望提升表现的个人及团队提供入门讲座、工作坊及为期八周的课程。

译者简介

　　黄志剑，博士，武汉体育学院运动心理学教授。曾任香港体育学院运动心理中心主任。研究方向包括竞技运动心理实践、心理技能训练的机制与应用研究、运动员职业生涯发展与角色转换等。主要社会任职：国际运动心理学会管理委员会委员，中国体育科学学会运动心理学专业委员会常委，中国心理学会体育运动心理专业委员会副主任委员，湖北省射击运动协会常务理事。

　　郑宇萌，硕士，毕业于湖北大学。现就职于北京市体育科学研究所，研究方向为体育与运动心理。

　　叶茜，硕士，毕业于湖北大学。现任武汉市七一华源中学体育教师。国家一级健美操裁判，二级社会体育指导员。

　　何施，硕士，毕业于湖北大学。现任湖北商贸学院体育与健康学院专任教师。